《蒙古族图典》编辑委员会

主　　编：格·孟和

副主编：吴英喆

编　　委：(按姓氏笔画为序)

乌日斯嘎拉　包满都拉　吉如何　朱　虹　庆巴图

杨玉成　苏日娜(饮食卷)　苏日娜(名胜古迹卷)

李凤山　吴国艳　阿力玛　阿拉坦宝力格　珊　丹

胡日查　带　兄　哈斯其木格　娜日娅　高　娃

通格勒格　额尔德木图

民族文字出版专项资金资助项目
"十三五"国家重点图书出版规划项目

蒙古族图典
艺术卷

格·孟和 主编

乌日斯嘎拉 带兄 杨玉成 吴国艳 珊丹 胡日查 娜日娅 著

辽宁民族出版社

ⓒ 乌日斯嘎拉等　2017

图书在版编目（CIP）数据

蒙古族图典．艺术卷：蒙汉对照／格·孟和主编；乌日斯嘎拉等著．—沈阳：辽宁民族出版社，2017.12
ISBN 978-7-5497-1740-8

Ⅰ.①蒙… Ⅱ.①格…②乌… Ⅲ.①蒙古族—民族文化—中国—图集②蒙古族—民族艺术—中国—图集　Ⅳ.①K281.2-64②J12-64

中国版本图书馆CIP数据核字（2017）第288168号

蒙古族图典·艺术卷
MENGGUZU TUDIAN·YISHU JUAN

丛书策划／朱　虹

出版发行者：辽宁民族出版社
地　　　址：沈阳市和平区十一纬路25号　邮编：110003
印　刷　者：辽宁新华印务有限公司
幅面尺寸：210mm×285mm
印　　张：17
字　　数：280千字
印　　数：1—1000
出版时间：2017年12月第1版
印刷时间：2017年12月第1次印刷
责任编辑：李凤山　朱　虹　包满都拉
封面设计：Amber Design 琥珀视觉
责任校对：代智敏
标准书号：ISBN 978-7-5497-1740-8
定　　价：280.00元

网　　　址：www.lnmzcbs.com　　　邮购热线：024-23284335
淘宝网店：http://lnmz2013.taobao.com
如有印装质量问题，请与出版社联系调换　　　联系电话：024-23284340

蒙古族图典·艺术卷

总序

蒙古族是一个历史悠久而富于传奇色彩的民族。经过千百年来的发展，蒙古族形成了自己独特的文化。每当提起蒙古族，人们就会想起"天苍苍，野茫茫，风吹草低见牛羊"的古老歌谣，眼前便会浮现出这个"马背上的民族"曾经叱咤风云、纵横欧亚、英勇善战、气吞山河的伟岸雄姿。

蒙古族起源于古望建河（今额尔古纳河）。13世纪初，以成吉思汗为首的蒙古部（蒙兀室韦）统一了蒙古地区诸部，逐渐形成了一个新的民族共同体，"蒙古"也就由原来的部落名称变成了民族名称。成吉思汗及其子孙建立的横跨欧亚的大帝国，推动了东西方经济和文化的交流与发展。1995年12月，美国《华盛顿邮报》带头评选第二个千年（1000—1999）最有影响的人物，结果成吉思汗力压群雄，被评为"千年风云人物第一人"。800多年来，成吉思汗的名字和故事，在世界各地传扬。1271年，忽必烈建立了中国历史上疆域最大的封建王朝——元朝，推动了中国统一多民族国家的巩固和发展。

习近平总书记在中国共产党第十九次全国代表大会上的报告中指出："文化是一个国家、一个民族的灵魂。文化兴国运兴，文化强民族强。没有高度的文化自信，没有文化的繁荣兴盛，就没有中华民族伟大复兴。"蒙古族为我国历史文化发展做出过卓越的贡献，也对人类历史发展产生过深远的影响。无垠的大草原，不息的江河水，永恒的长生天，奔驰的骏马，洁白的蒙古包，华丽的蒙古袍，神奇的呼麦，悠扬的马头琴……蒙古族创造了璀璨夺目的民族文化。蒙古族的传统服饰主要包括蒙古袍、腰带、靴子、配饰等，但因地区不同在式样上有所差异。蒙古族服饰以其独特的风格和精湛的制作工艺，立于我国乃至世界服饰之林而经久不衰。蒙古族饮食文化继承了北方民族饮食文化传统，在保持古老传统的同时也有明显的地方特色。丰富多彩的蒙古族饮食，让人们深切感受到舌尖上的草原味道。蒙古包作为世界传统住居中分布最广、延续时间最长的风土型住居类型之一，在传统民居形态逐步式微的境遇中，仍保持着强劲的生命力而延续至今。蒙古族文物汇集了历代有关蒙古族历史、社会风俗、宗教信仰等方面的精品，为研究蒙古族文化提供了实物资料。精雕细琢的蒙古族工艺品是人们在长期的生产、生活实践中不断创造与积累的宝贵财富。如蒙古族皮画表面浮雕般的立体效果和凝重的风格所形成的视觉冲击力，常令观赏者感到无比震撼，给人耳目一新的艺术享受。蒙古族是能歌善舞的民族，素有"音乐民族""诗歌民族"之称。蒙古民族创作了很多历史文学巨著，其中，《蒙古秘史》被联合国教科文组织确定为世界名著文化遗产；英雄史诗《江格尔》是中国少数民族三大英雄史诗之一；马头琴是蒙古族特有的传统乐器，其艺术特色和魅力彰显于世界民族乐坛之上；天籁之音呼麦和蒙古族长调民歌为世界非物质文化遗产。蒙古族名胜古迹众多，成吉思汗陵、古城遗址、藏传佛教寺院、壮美山川、沙漠瀚海，展示了草原的自然风光和游牧文化遗迹。蒙古族是一个勤劳智慧、勇于探索的民族，取得了许多发明创造和历史、文学、艺术成果，涌现出众多的政治家、思想家、军事家、科学家、历史学家、文学家、艺术家，为丰富祖国光辉灿烂的文化宝库做出了重要贡献。

为了更好地弘扬博大精深的蒙古族文化，辽宁民族出版社组织国内相关领域的蒙古族专家学者编写了这套《蒙古族图典》。全套书分为服饰卷、饮食卷、住居卷、文物卷、艺术卷、工艺品卷、名胜古迹卷、综合卷，共计八卷本。采用图文并茂的形式，深度挖掘蒙古族文化的精髓，展现蒙古民族各个方面的历史原貌，用蒙汉文精简地诠释图片的深刻含义。《蒙古族图典》为蒙古族图片的集大成者，是有史以来对蒙古族图片最大规模、全方位的整理，为读者全面了解蒙古族文化提供了方便。

　　一段文字，是一种文化现象；一幅图片，是一个历史符号。《蒙古族图典》生动再现了蒙古族悠久灿烂的历史文化，完美展示了蒙古族绚丽多姿的民族风情。

2017年10月

格·孟和　蒙古族，内蒙古师范大学教授，享受国务院特殊津贴专家，现任《中国蒙古学文库》常务总编辑。主要著作有《格·孟和文集》（共13卷），多次荣获国家及内蒙古自治区科研奖。

前言

　　蒙古族艺术历史悠久且影响深远，不论是歌舞还是绘画，无不体现着浓郁的蒙古民族特色。经过历代蒙古族艺术家的独特创造，其艺术成果逐渐被人们所熟知，并广泛流传。

　　《蒙古族图典·艺术卷》简要介绍了蒙古族文学、音乐、当代舞蹈、当代绘画和影视五个方面的内容。文学部分按照古代、近代、现代和当代文学史断代四分法，主要选取不同时期蒙古族文学的重要作家和作品，反映了蒙古族文学的关键节点。音乐部分涵盖民歌、器乐、说唱音乐和仪式音乐。主要包括长调、短调、呼麦、潮尔道以及古如歌等多彩的民歌形式，马头琴、潮尔、四胡、雅托嘎等乐器，乌力格尔、好来宝等说唱艺术以及萨满教、佛教、民俗等仪式音乐。舞蹈部分主要展现了自中华人民共和国成立至今蒙古族舞蹈发展概况。选取各个时期的代表性作品，如《牧马舞》《筷子舞》《驯马手》《盅碗舞》等，展示了蒙古族当代舞蹈的艺术魅力。绘画部分将当代蒙古族绘画分为油画、中国画、版画和水彩画四种类型，展示了蒙古族当代绘画发展的基本面貌。影视部分介绍了蒙古族电影和电视剧的产生、发展、壮大及著名的电影工作者。电影方面展示了《草原晨曲》《东归英雄传》《悲情布鲁克》等代表性影片。电视剧方面介绍了《成吉思汗》《嘎达梅林》和《忽必烈》等代表性剧目。

　　蒙古族艺术绚丽多姿，光彩夺目。因为民族，所以世界。《蒙古秘史》是蒙古民族现存最早的历史文学长卷，被联合国教科文组织列为世界名著文化遗产；蒙古族著名英雄史诗《江格尔》为中国少数民族三大英雄史诗之一；悠扬的马头琴是蒙古族音乐的象征；天籁般的蒙古族长调和呼麦是世界非物质文化遗产；蒙古族舞蹈热情奔放、刚劲有力，给人以清新和正能量。愿《蒙古族图典·艺术卷》能对读者了解博大精深而独具特色的蒙古族艺术有所帮助。

目录

总序 ········ 002
前言 ········ 006
第一章 蒙古族文学 ········ 010
  蒙古族古代文学 ········ 012
  蒙古族近代文学 ········ 020
  蒙古族现代文学 ········ 034
  蒙古族当代文学 ········ 038
第二章 蒙古族音乐 ········ 060
  蒙古族民歌 ········ 062
  蒙古族器乐 ········ 082
  蒙古族说唱音乐 ········ 104
  蒙古族仪式音乐 ········ 116
第三章 当代蒙古族舞蹈 ········ 122
  1947—1966年的蒙古族舞蹈 ········ 124

1966—1980年的蒙古族舞蹈	134
1980—1990年蒙古族舞蹈	138
1990年以后的蒙古族舞蹈	142
蒙古族舞蹈家	154
第四章 当代蒙古族绘画	158
油画篇	160
中国画篇	180
版画篇	194
水彩画篇	214
第五章 蒙古族影视	222
蒙古族电影	224
蒙古族电视剧	258
图片提供者	269
后记	270

第一章 蒙古族文学

蒙古族文学，经历了从民间口头文学到书面文学的发展，是极其丰富的文学宝藏。

蒙古族民间口头文学，既有《天女之惠》《化铁熔山》之类的族源传说，也有狼图腾、鹿图腾崇拜传说；既有《祭火祝词》《蒙古马赞》《弓箭赞》等祝赞词，也有《成吉思汗的两匹骏马》《陶克陶胡之歌》《嘎达梅林》等民间叙事长诗；既有《森吉德玛》《金珠尔》等民间歌谣，也有《老山羊和狼》《巴拉根仓的故事》等丰富多彩的民间故事。《江格尔》《格斯尔》等举世闻名的英雄史诗更是蒙古族民间文学的瑰宝，在世界文学史上占有重要地位。史诗不仅展示了蒙古民族雄浑生动的生活画卷，而且承载了古代蒙古人丰富多彩的文化信息。

蒙古族书面文学的发展可追溯到13世纪蒙古族的百科全书《蒙古秘史》的问世，《蒙古秘史》对后世蒙古文学的发展产生了极其深远的影响，《蒙古源流》《黄金史》等历史著作的文学价值也很高。19世纪中后期，喀喇沁土默特地区涌现出尹湛纳希、哈斯宝等著名作家、思想家，长篇小说《青史演义》《一层楼》《泣红亭》以及《新译红楼梦》等作品，使蒙古族书面文学发展走向了新的高度。进入20世纪，蒙古族作家的文学作品空前繁荣，纳·赛音朝克图（赛春嘎）、敖德斯尔、巴·布林贝赫、其木德道尔吉、玛拉沁夫、阿云嘎等诸多作家的作品产生了广泛影响。

蒙古族文学在千百年的历史发展中形成了鲜明的民族风格，歌颂勇敢和坚强，赞美忠诚和正义。作品散发着浓郁的草原生活气息，具有一种雄浑刚健之美，以宏大的内容反映了一个历史时代，描绘了蒙古草原上的风云变幻，是一幅雄伟壮阔的历史画卷。

蒙古族古代文学

远古时期至19世纪中叶为蒙古族古代文学时期，主要有神话传说、萨满教祭词、祝赞词、古代民歌、英雄史诗、佛教文学等多种类型，蒙古族古代历史文学，以《蒙古秘史》为代表，还有《黄金史》《蒙古源流》《金轮千辐》《水晶珠》等作品。文史一体的历史文学创作，一直延续到18世纪。许多作品沿袭《蒙古秘史》的著述体例，在历史事件的叙述中穿插许多饶有趣味的民间故事，使之成为既有可靠的史料，又不失为一部引人入胜的文学作品。英雄史诗也是蒙古族古代文学中极具影响力的重要文体，迄今已发现并搜集到的各类史诗文本达800部之多，在世界各民族文学中实属罕见。《蒙古秘史》《江格尔》《格斯尔》影响广泛，在国内外学界引起研究热潮。

《蒙古秘史》

《蒙古秘史》，巴雅尔复原、转写本；内蒙古人民出版社，1980年版。

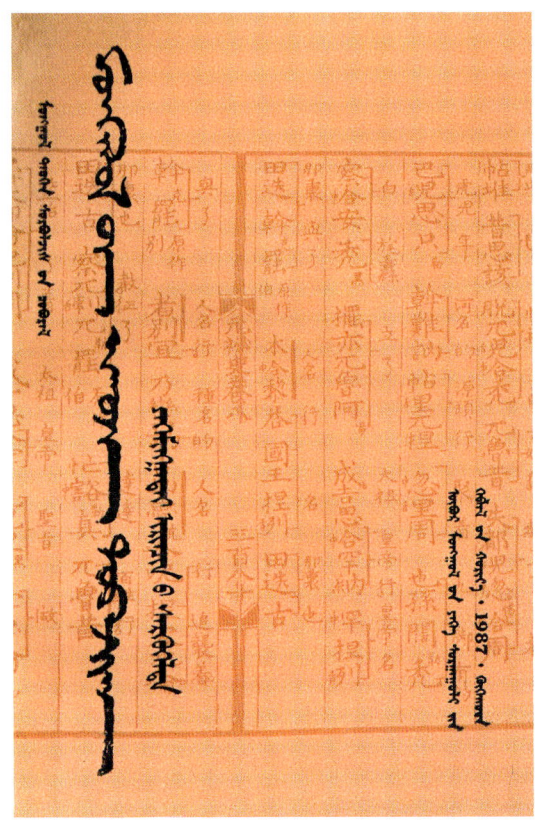

《蒙古秘史》，亦邻真畏吾体蒙古文复原本；内蒙古大学出版社，1987年版。

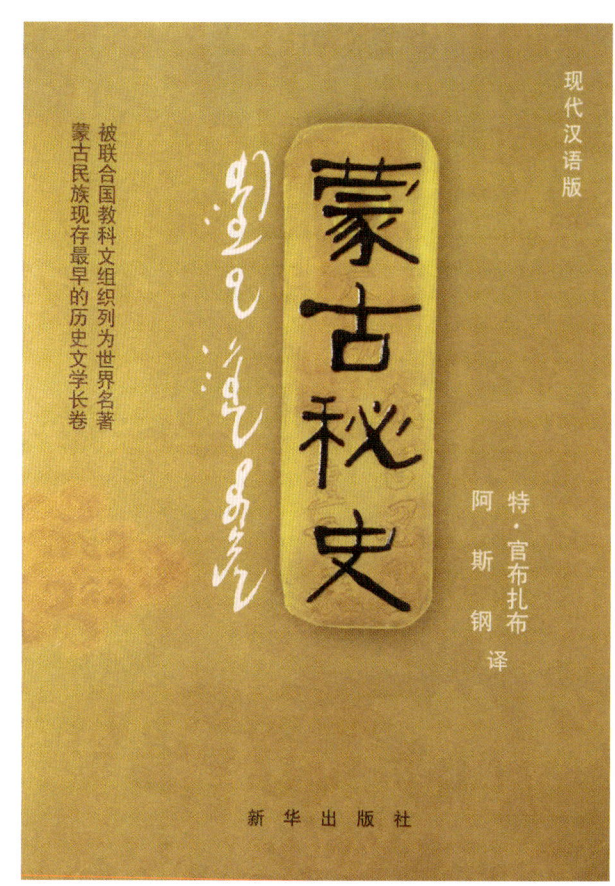

《蒙古秘史》，特·官布扎布、阿斯钢译；新华出版社，2006年版。

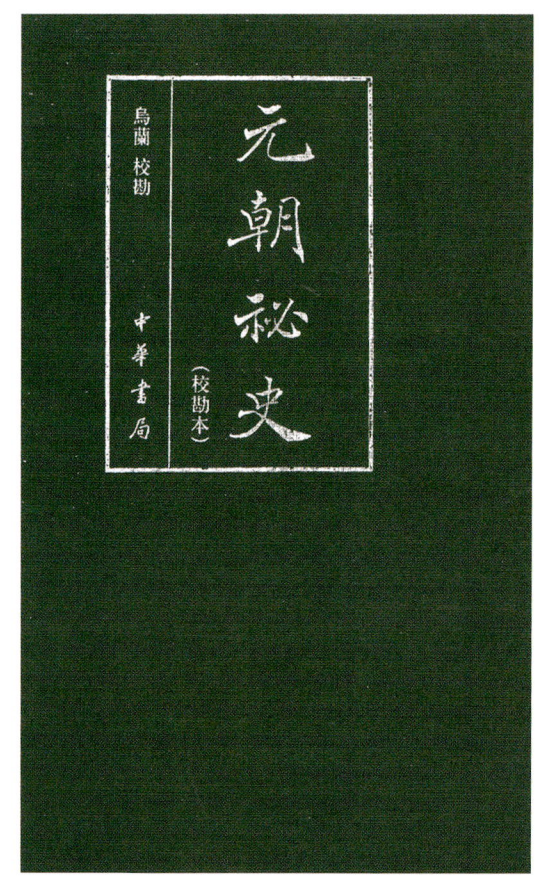

《元朝秘史》，乌兰校勘本；中华书局，2012年版。

《蒙古秘史》

　　《蒙古秘史》又称《元朝秘史》，最早成书于1240年。蒙古统治者将其视作"祖传家训"，秘不外传。直到明洪武年间，以汉字音写蒙古文并附有旁译和总译，题名为《元朝秘史》，刊刻出版。《蒙古秘史》畏吾体蒙古文原本散佚，以汉字音写版本传世，主要有十五卷"永乐大典"本，因翰林钱大昕曾为之写"跋"，又称之为"钱本"；十二卷顾广圻本；十二卷叶德辉观古堂刻本。

　　《蒙古秘史》是一部记述蒙古民族形成、发展、壮大历程的历史文学典籍。以成吉思汗诞生前的家谱史实开篇，以窝阔台继位结尾。主要通过具有典型意义的历史事件和不同性质的战争描写，着重叙述了成吉思汗统一蒙古各部，并率领蒙古军队所向披靡的英雄事迹。《蒙古秘史》奠定了蒙古族历史文学的基础，对后世蒙古族文学的发展产生了极其深刻的影响。《蒙古秘史》是蒙古民族现存最早的历史文学长卷，被联合国教科文组织列为世界名著。

《蒙古源流》

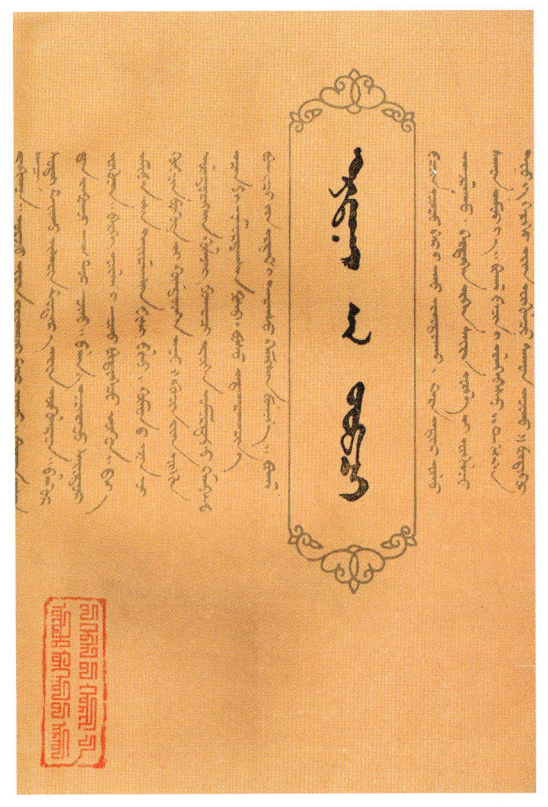

《蒙古源流》，1957年校勘本。

《蒙古源流》，道润梯步译校；内蒙古人民出版社，1980年版。

《蒙古源流》

《蒙古源流》，原名《额尔德尼脱卜赤》，作者为清代蒙古族学者萨囊彻辰，是17世纪蒙古编年史文学巨著。全书上溯至蒙古始祖孛儿帖赤那，把成吉思汗王统的起源与印度、西藏诸王世系联系到一起，下述至清初蒙古的历史文化及佛教传播。全书收录了很多蒙古民间传说、诗歌及藏、梵、汉、满等民族的相关资料，并成功塑造了满都海夫人、达延汗等人的形象，是一部典型的历史文学精品。

《江格尔》,
宝音和西格、托·巴达玛整理;
内蒙古人民出版社,
1982年版。

英雄史诗《江格尔》

蒙古族英雄史诗大约产生于氏族社会末期和奴隶社会初期,是蒙古族文学经典。它经历了单篇史诗、串联复合史诗、并列复合史诗等不同发展阶段。《江格尔》被誉为中国少数民族三大史诗之一,产生于我国新疆蒙古卫拉特部。《江格尔》围绕英雄江格尔及其率领的12名大将和诸多勇士共同保卫宝木巴圣地的故事展开,生动刻画了以江格尔、洪古尔为代表的一大批古代蒙古族英雄人物。

英雄史诗《格斯尔》

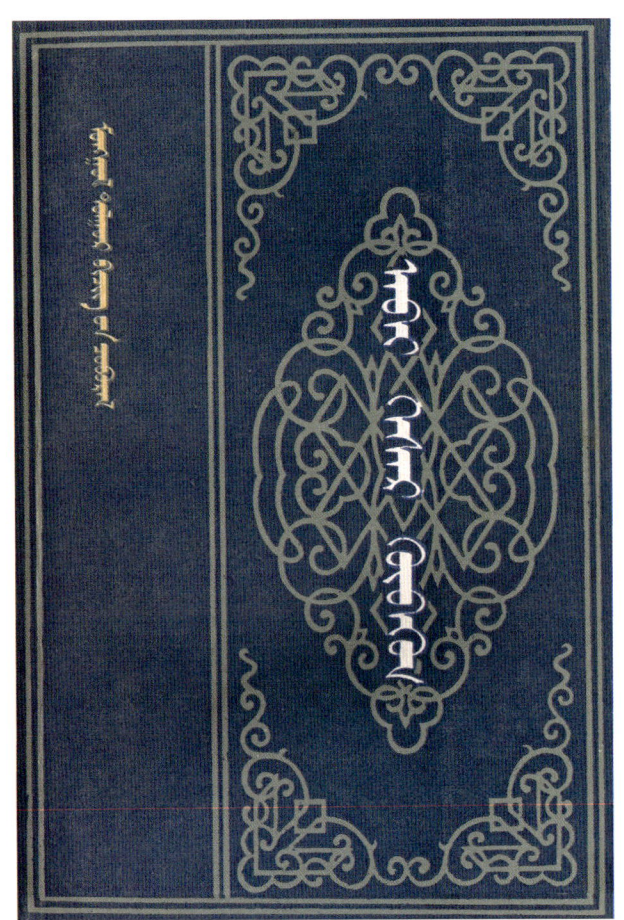

《阿拜·格斯尔》，1959年布里亚特乌兰乌德版转写本；内蒙古人民出版社，1982年版。

英雄史诗《格斯尔》

《格斯尔》又称《格斯尔可汗传》，是蒙古族长篇英雄史诗。蒙古文《格斯尔》曾于1716年以木刻版本形式出版，但多以手抄本、民间艺人的说唱形式流传。

《格斯尔》描写了玉皇大帝次子、"威震十方的圣主"格斯尔降生人间，为民消灾除害的故事。作品继承发展了古代英雄史诗的传统，带有浓重的浪漫主义色彩。史诗结构缜密，每章包括一个完整的故事，语言精练隽永，情节曲折生动，运用了比喻、夸张、拟人等修辞手法，成为蒙古族语言艺术的独特之作。

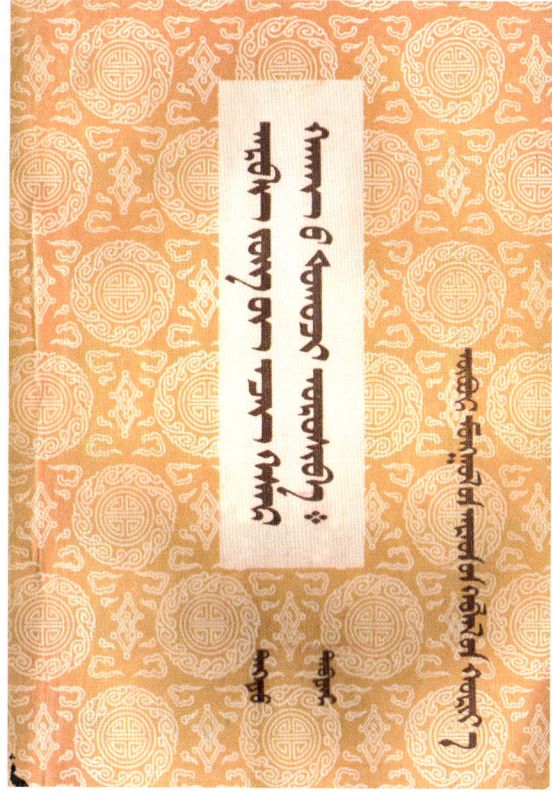

《格斯尔的故事》，
1716年北京木刻版；
内蒙古人民出版社，
1956年版。

蒙古族近代文学

自19世纪中叶至20世纪初叶为蒙古族近代文学时期。传统文学得到不断发展的同时，也出现了长篇历史小说、现实主义题材的长篇小说、诗歌、杂文以及《红楼梦》等中国古代名著的蒙古文译著等作品，呈现出蒙古族近代文学的繁荣景象。其中，以清代卓索图盟土默特右旗的"一门父子五词客"最具影响力。"一门父子五词客"为：尹湛纳希的父亲旺钦巴勒，撰写了《大元盛世青史演义》前八回；尹湛纳希，续写其父的《大元盛世青史演义》，创作了长篇小说《一层楼》《泣红亭》《红云泪》和诗歌、杂文等；尹湛纳希长兄、诗人古拉兰萨；尹湛纳希五哥、诗人贡纳楚克；尹湛纳希六哥、诗人嵩威丹精。

旺钦巴勒

旺钦巴勒（1795—1847）

孛儿只斤氏，清代卓索图盟土默特右旗人。近代著名文学家尹湛纳希的父亲，成吉思汗第二十七代嫡孙。旺钦巴勒身为协理台吉，却是一位有很高蒙汉文造诣，并致力于蒙古史研究的将军学者。他藏书宏富，除撰写《大元盛世青史演义》的前八回之外，还有很多诗词歌赋留传于世。清道光二十二年（1842）他奉命抗击英寇，其创作因而搁置。

旺钦巴勒手迹

古拉兰萨（1820—1851）

近代蒙古族诗人，尹湛纳希的长兄。他自幼饱读诗书，谙熟世事，喜欢以文会友，寄情于山水。他以长子身份继承父亲的协理台吉，但英年早逝。古拉兰萨十八岁开始蒙译《水浒传》，还写下《祝灭寇班师还》《思念军营》等多篇诗歌作品，抒发了深沉的爱国情怀。他的诗歌学习并吸收了汉族格律诗形式，创造了蒙古文诗歌的新形式。

古拉兰萨手迹

贡纳楚克（1833—1866）

近代蒙古族诗人，尹湛纳希的五哥。贡纳楚克命运多舛，英年早逝。贡纳楚克的诗歌作品真实地反映了他的生活情趣和对人生的看法。如《奸诈残忍》《滑稽诗》等抒发了对社会上丑陋言行的厌恶，《知我者》《悲秋》等诗作则体现了诗人在逆境中的惴惴不安。除诗歌，贡纳楚克亦留有杂文。

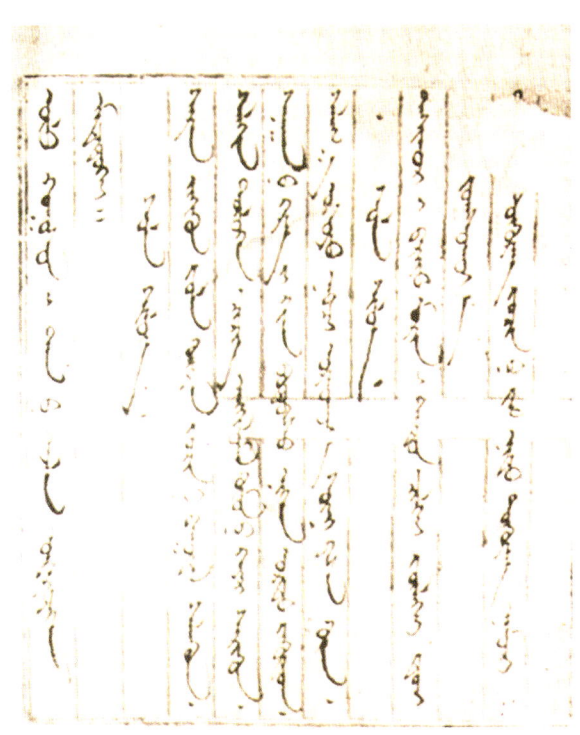

贡纳楚克手迹

嵩威丹精

嵩威丹精（1834—1898）

近代蒙古族诗人，尹湛纳希的六哥。嵩威丹精继承了父亲的台吉职务，总理家族事务，执掌中信府。嵩威丹精的诗作多为因事、因景感怀而发。其诗歌风格不同于其他几个兄弟，主要有《自勉诗》《菊花酒》《静夜思》等。

嵩威丹精手迹

尹湛纳希（1837—1892）

汉名宝衡山，字润亭。近代蒙古族杰出的文学家、翻译家和诗人，蒙古族现实主义文学的开创者和蒙汉文化交流的先驱者。成吉思汗黄金家族第二十八代嫡孙，生于清卓索图盟土默特右旗（今辽宁省北票市）一个蒙古贵族家庭。尹湛纳希从小接受了良好的家庭教育，通晓蒙古、汉、满、藏四种文字，并把汉文版的《红楼梦》《中庸》等作品翻译成蒙古文。尹湛纳希现留存于世的文学巨著有《大元盛世青史演义》《一层楼》《泣红亭》《红云泪》等，他被称为"蒙古族的曹雪芹"。此外，他还有大量的诗歌、散文和杂文留存于世。其中，《白云》是蒙古族文坛上具有影响力的五言格律诗，为19世纪蒙古文诗歌的一道亮丽风景。

尹湛纳希手迹

《青史演义》(共三册),
旺钦巴勒、尹湛纳希著;
内蒙古人民出版社,1981年版。

《青史演义》(上、下册),
旺钦巴勒、尹湛纳希著,
丁师浩译,王利器校;
内蒙古人民出版社,1985年版。

《大元盛世青史演义》，旺钦巴勒、尹湛纳希著；辽宁民族出版社，2007年版。

《大元盛世青史演义》

《大元盛世青史演义》前八回为尹湛纳希的父亲旺钦巴勒作，自第九回由尹湛纳希续写完成。全书应有一百二十回，现存六十九回。作品对成吉思汗及其将领、部属倾注了满腔热情，描绘了成吉思汗率诸将领统一各部的英雄业绩。在广阔的社会背景下，展现了13世纪蒙古草原宏大的历史画卷，作者塑造了一系列栩栩如生的人物形象，成为蒙古族文学史上书面文学的典范之作，对后世蒙古文学发展具有深远的影响。

《红云泪》,
尹湛纳希著；
辽宁民族出版社,
2007年版

《红云泪》

《红云泪》是尹湛纳希的第一部现实主义长篇小说，大约成书于1863年，是一部作者以自身经历的悲剧性婚事为素材的小说。小说主要叙述了如玉和紫淑、赤云的爱情故事。

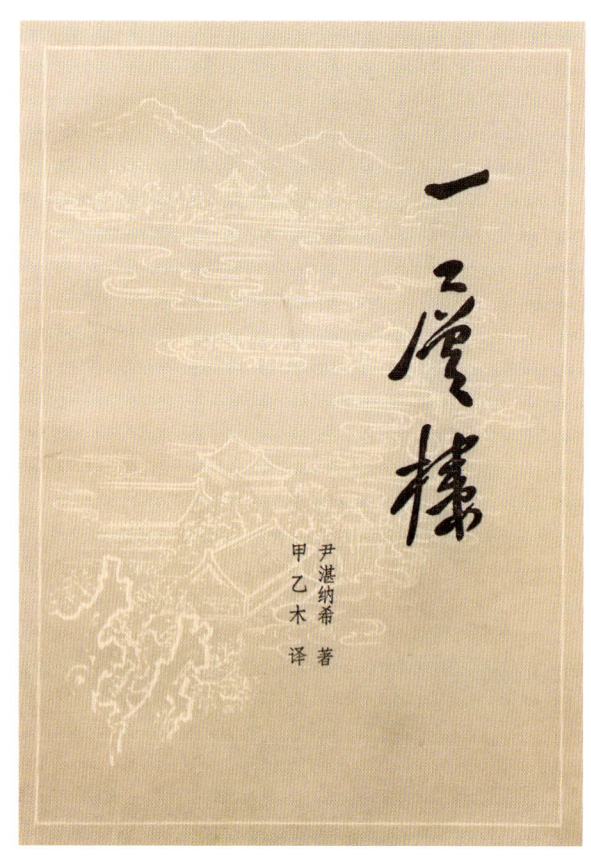

《一层楼》，
尹湛纳希著，
甲乙木译；
内蒙古人民出版社，
1983年版。

《一层楼》，
尹湛纳希著；
辽宁民族出版社，
2007年版。

《一层楼》

《一层楼》，大约成书于1870年，共三十二回。作品主要是以贡侯之子璞玉和他的表姐炉梅、琴默、圣如之间的爱情故事为线索展开情节。三位小姐都长期寄居贡府，从小与璞玉青梅竹马。在璞玉的婚姻上，贡母看上了琴默，贡侯看中了圣如，璞玉之母金夫人看中了炉梅。后来，贡侯让璞玉高攀了苏节度使的小姐苏已。苏已婚后不久病死，炉梅等三人也都四散飘零，四个青年人的爱情最后以悲剧告终。

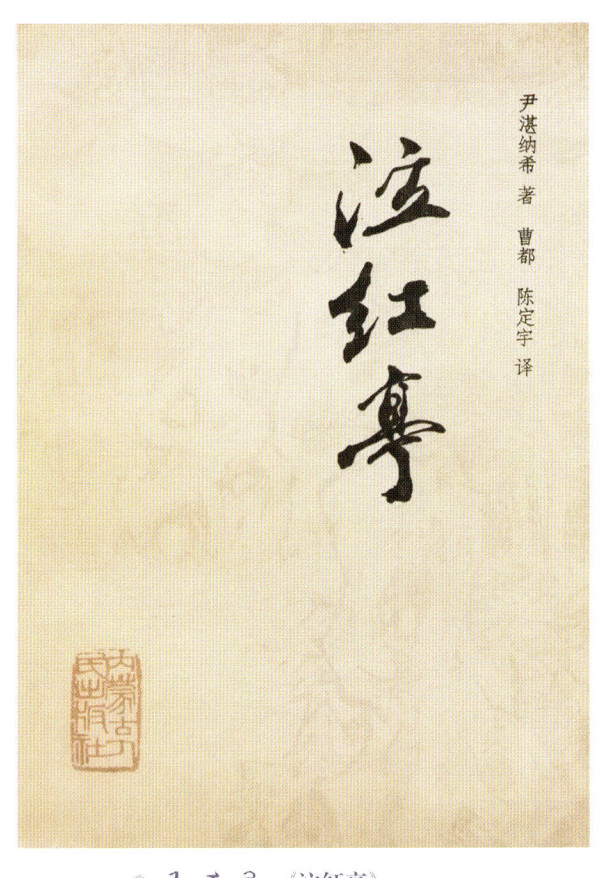

《泣红亭》，尹湛纳希著，曹都、陈定宇译；内蒙古人民出版社，1981年版。

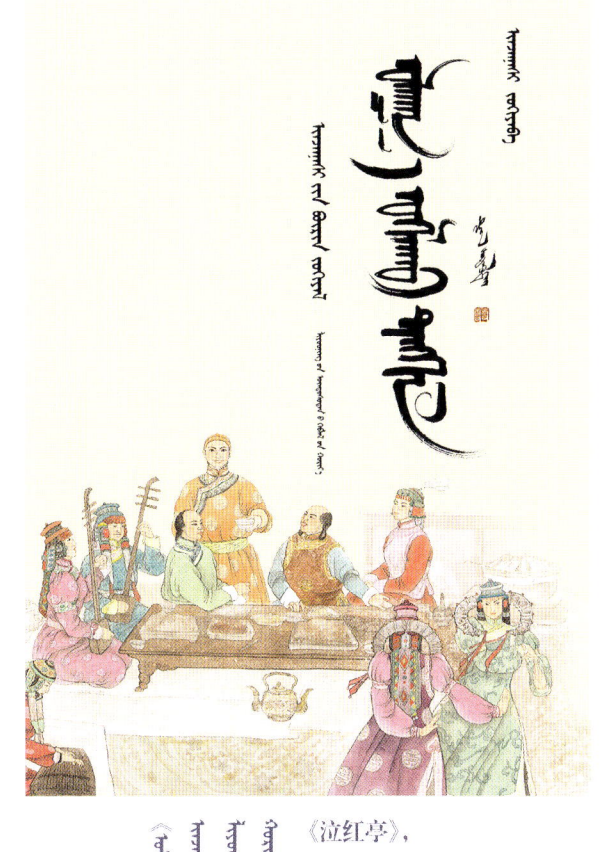

《泣红亭》，尹湛纳希著；辽宁民族出版社，2007年版。

《泣红亭》

《泣红亭》与《一层楼》是故事情节相互衔接的姊妹篇，大约成书于1880年，共二十回。作品是以璞玉梦中寻访炉梅、琴默、圣如三个姑娘的行踪开始展开故事情节，可是这三个美丽善良的姑娘已被她们专制的封建家庭定了终身。炉梅的未婚夫是一个年过半百的"洋商"；琴默的未婚夫是一个丑陋不堪的智障者；圣如未婚先寡，孤独度日。历经种种悲欢离合，小说以璞玉同时娶了三个美女的喜剧结束。作者暗示，小说中男女主人公历尽周折后的团聚，不过是红楼一梦，并非现实。

哈斯宝

《红楼梦》（蒙古文），
曹雪芹、高鹗著，哈斯宝译；
内蒙古大学校勘本，1975年版。

《〈新译红楼梦〉回批》，
哈斯宝著，亦邻真译；
内蒙古人民出版社，1981年版

《〈新译红楼梦〉回批》

哈斯宝为清代卓索图盟土默特右旗（今辽宁省北票市）人。现已发现的哈斯宝译著有《今古奇观》《唐宫逸史》《新译红楼梦》等，有全译、摘译、改写、润色、编写等多种形式。《新译红楼梦》是《红楼梦》的节译本，以贾宝玉、林黛玉的爱情故事为线索，通过摘译、缩译、编译等多种手法，将全书浓缩成四十回，被称为"另一部《红楼梦》"。

蒙古族现代文学

自20世纪初至20世纪中叶为蒙古族现代文学发展阶段。诗歌、散文、民间艺人的说唱文艺、小说和杂文的兴盛,成为蒙古族现代文学发展的重要标志。这一阶段出现了特睦格图、克兴额、卜和克什克等文人创办的"北京蒙古文书社"(1923年)、"东蒙书局"(1926年)和"蒙古文学会"(1927年)等民族文化机构,创办著名的《丙寅》杂志,并编辑、翻译出版了诸多文献典籍,促进了蒙古族现代文学的发展和繁荣。

嘎玛拉（1871—1932）

又名杜嘎尔苏荣，近代蒙古族诗人，今锡林郭勒盟东乌珠穆沁旗人。嘎玛拉担任旗章京时创作了很多流传甚广的长诗和好来宝。一部分为《博克好来宝》等，是反映蒙古民族历史和风俗习惯的作品；另一部分为《嘱咐女儿的话》等训谕诗。《嘎玛拉诗集》（1987年）收录诗作18首。

《嘎玛拉诗集》
达尔哈、纳·东罗布丹巴搜集整理；
内蒙古人民出版社，1987年版。

克兴额

克兴额（1889—1950）

汉名包存智，字明远。现代蒙古族杰出的教育家、出版家、翻译家和诗人，内蒙古科尔沁左翼前旗人。开办沈阳"东蒙书局"，并成立"蒙古文化促进会"，编写蒙古文教科书，为蒙古族出版事业做出了突出贡献。他创作的诗歌中有歌颂祖先的《成吉思汗颂》等，劝学勉励的《梅花》等。

克兴额手迹

卜和克什克（1902—1943）

现代蒙古族著名的出版家、教育家和散文家，内蒙古奈曼旗人。创办"蒙古文学会"和综合性期刊《丙寅》，先后出版了尹湛纳希《大元盛世青史演义》等长篇小说以及《蒙古秘史》《蒙古源流》等蒙古族诸多历史典籍。其作品有散文集《视察日本国学校日记》，作品主要记述了考察日本文化的感想。

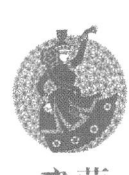

蒙古族当代文学

自中华人民共和国成立至今为蒙古族当代文学发展阶段。诗歌、小说、散文和戏剧等各类体裁的作品得到了空前发展。有200余位作者发表了近600部（篇）小说，诗歌作者更是多达数百人。长篇小说《西拉木伦河的波浪》（其木德道尔吉，1959年）、《茫茫的草原》（玛拉沁夫，1957年）等长篇小说得到读者的青睐。纳·赛音朝克图、敖德斯尔、巴·布林贝赫、玛拉沁夫、阿云嘎、阿尔泰等作家，在国内外产生了较为广泛的影响。

纳·赛音朝克图（1914—1973）

曾用名，赛春嘎。当代蒙古族诗人，蒙古族当代文学的奠基者，内蒙古锡林郭勒盟正蓝旗人。曾任内蒙古自治区文联副主席、中国作家协会内蒙古分会主席等职。纳·赛音朝克图一生创作了大量的文学作品。诗集《心侣集》（1941年）是蒙古族现代文学史上的第一部诗集。后陆续完成了散文集《沙漠，我的故乡》（1941年）、散文集《蒙古兴盛之歌》（1944年）、诗集《心之光》（1944年）等。1950开始先后创作了《我们雄壮的呼声》《幸福和友谊》等多篇诗作。

《纳·赛音朝克图全集》

纳·赛音朝克图著，内蒙古人民出版社，1999年版。全集收录了纳·赛音朝克图的主要作品。

《赛春嘎作品集》

贝加尔整理，内蒙古科学技术出版社，2013年版。收入赛春嘎时期5部作品，保留了作品初版原貌。

敖德斯尔（1924—2013）

当代蒙古族作家，内蒙古赤峰市巴林右旗人。国家一级作家，曾任内蒙古作家协会主席。1948年开始创作小说、散文、话剧和电影剧本等，短篇小说有《遥远的戈壁》等，中短篇小说集有《撒满珍珠的草原》等，长篇小说有《骑兵之歌》等。敖德斯尔的作品获国家级奖、内蒙古自治区奖多部。2006年荣获内蒙古自治区"杰出贡献奖"，并将奖金全部捐出，设立了"敖德斯尔文学奖"。

敖德斯尔已出版的
部分作品

《遥远的戈壁》

敖德斯尔著，人民文学出版社，1962年版。

本书为作者的小说集，收入了《"老班长"的故事》《撒满珍珠的草原》《遥远的戈壁》等中短篇小说23篇。茅盾为此书作序《读<遥远的戈壁>》。

《敖德斯尔文集》

《敖德斯尔文集》(汉文版 共12卷),敖德斯尔著;内蒙古人民出版社,2008年版。

《敖德斯尔文集》共12卷,收录了敖德斯尔近60年创作的全部作品。主要有敖德斯尔的中短篇小说、儿童文学、随想录、报告文学和电影文学剧本等。

巴·布林贝赫（1928—2009）

当代蒙古族著名诗人、诗学理论家、学者，内蒙古赤峰市巴林右旗人。内蒙古大学资深教授，博士生导师；中国蒙古族新文学的奠基人之一，当代蒙古诗学理论的学术领路人。出版的诗集有《你好！春天》《巴·布林贝赫诗选》等；理论著作有《蒙古诗歌美学论纲》（1990年）和《蒙古英雄史诗的诗学》（1997年）等。其诗歌作品艺术手法灵活多变，个性色彩鲜明。

《巴·布林贝赫文集》

巴·布林贝赫著，内蒙古人民出版社，2003年版。

文集共四卷，收录了作者创作的主要诗作和四部诗学研究著作。

《你好！春天》

巴·布林贝赫著，内蒙古人民出版社，1956年版。

本书为作者出版的第一部诗集。

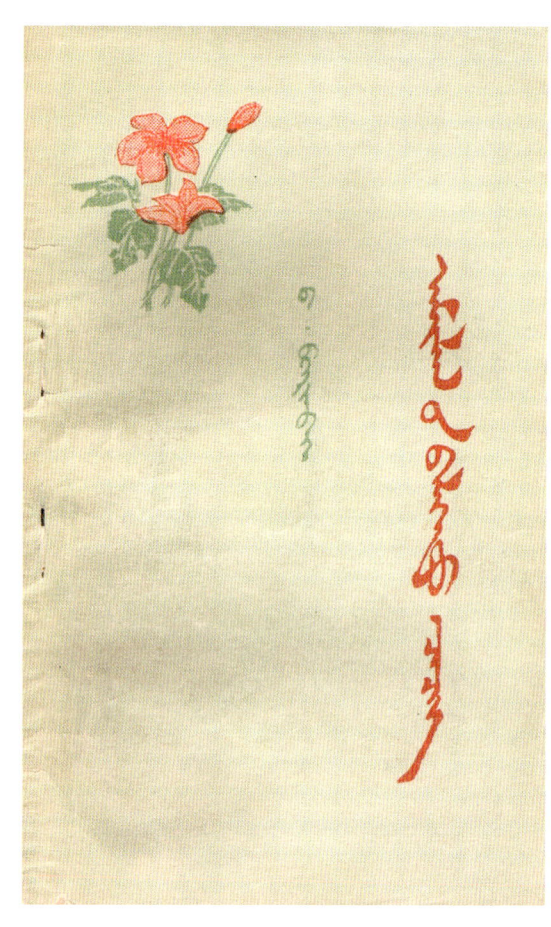

《生命的礼花》（抒情长诗）

巴·布林贝赫著，内蒙古人民出版社，1960年版。

本书是作者为国庆十周年创作的抒情长诗，为作者诗歌创作的代表性作品。

《蒙古诗歌美学论纲》

巴·布林贝赫著，内蒙古人民出版社，1990年版。

本书是作者关于蒙古诗歌美学的学术著作，在国内外蒙古学界产生了广泛影响。

玛拉沁夫（1930—）

当代蒙古族作家，辽宁省阜新蒙古族自治县人。历任内蒙古文化局副局长、中国作家协会内蒙古分会副主席、《民族文学》主编、中国作家协会书记处书记等职。1952年在《人民文学》发表处女作《科尔沁草原的人们》。其创作以小说为主，兼及电影文学剧本和散文。出版的作品有《玛拉沁夫文集》《茫茫的草原》等；电影文学剧本有《草原上的人们》《草原晨曲》等。长篇小说《茫茫的草原》《玛拉沁夫文集》荣获全国性文学奖。2017年，玛拉沁夫荣获第31届中国电影金鸡奖终身成就奖。

《玛拉沁夫文集》

玛拉沁夫著，作家出版社，2015年版。

《玛拉沁夫文集》共8册，收录了作者创作的长篇小说、中短篇小说、散文及多部电影文学剧本。玛拉沁夫是中国第一个自觉地以写草原为己任的作家，他的作品具有深厚的民族情感和开阔的民族文化视野，把描绘草原的生活内涵与历史渊源全方位地提升到一个新的高度。

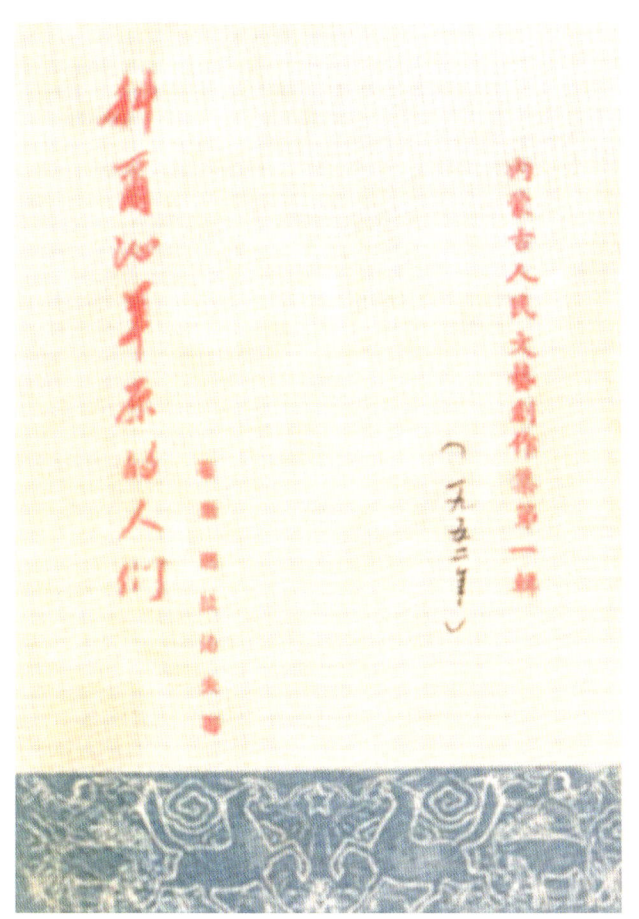

《科尔沁草原的人们》

《科尔沁草原的人们》是玛拉沁夫创作的小说处女作，原文刊登在《人民文学》1952年第1期。

故事发生在中华人民共和国成立后的内蒙古草原。小说主要描写了连获两年劳动模范称号的牧业互助组组长、女共青团员萨仁格娃，在生产和对敌斗争中，她和青年牧民桑布产生的纯真爱情。萨仁格娃为建设草原、保护草原上的人们做出了自己的贡献。

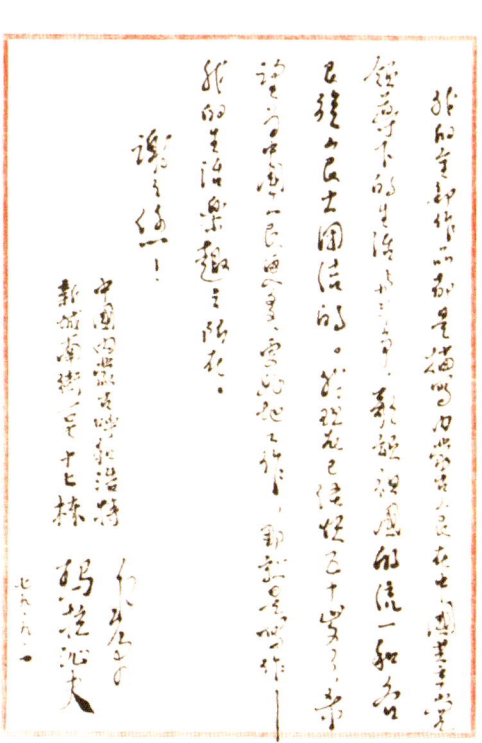

玛拉沁夫手迹

《茫茫的草原》（上、下）

玛拉沁夫著，作家出版社。

《茫茫的草原》是中华人民共和国成立后内蒙古文坛出现最早的长篇小说，也是第一部表现20世纪40年代末期内蒙古社会生活的作品。作品主要描写了察哈尔草原上特古日克村发生的故事，揭示了特定年代内蒙古人民的历史命运。

《花的草原》

玛拉沁夫著，人民文学出版社，1962年版。

本书为玛拉沁夫的小说集，第一辑收入《诗的波浪》《花的草原》《路》等中短篇小说20篇，第二辑收入《科尔沁草原的人们》《在暴风雪中》等作者初期创作的短篇小说5篇。

阿云嘎（1947—）

当代蒙古族小说家，内蒙古鄂托克旗人。曾任内蒙古文联党组书记以及第五届、第六届主席。阿云嘎自1976年开始发表作品，致力于小说创作，收获丰厚。出版《僧俗人间》《有声的戈壁》《燃烧的水》《拓跋力微》《锡尼喇嘛》《满巴扎仓》和《草原上的老房子》等多部长篇小说。阿云嘎作品语言质朴、凝练，主题深刻，是具有广泛影响力的小说家。

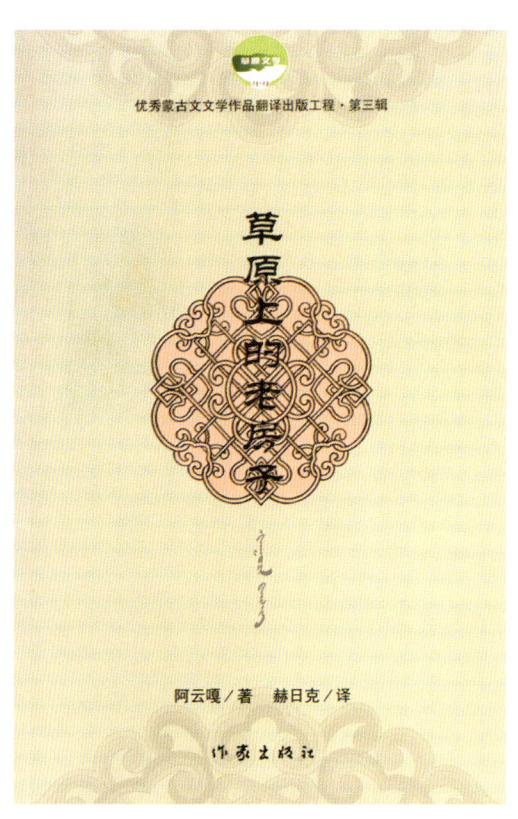

《草原上的老房子》（蒙古文版），
阿云嘎著；
内蒙古人民出版社，2014年版。

《草原上的老房子》（汉文版），
阿云嘎著，赫日克译；
作家出版社，2015年版。

《草原上的老房子》

小说里的"老房子"指的是过去人民公社时期乌拉扎尔草原上的生产大队队部。作品讲述了两栋老房子和几个普通人见证了从1959年到1999年40年间的所有重大事件，再现了乌拉扎尔草原40年的风土人情。

《拓跋力微》

阿云嘎著，内蒙古人民出版社，2008年版。

这部长篇小说描写了鲜卑时期的历史，众多人物演绎了一个游牧民族的成败悲欢。作品再现了古老质朴的自然景观和绚丽多姿的民族风情，给读者以启迪和美的享受。

《有声的戈壁》

阿云嘎著;华文出版社,2010年版。

这部集子收入了作者新时期创作的《有声的戈壁》《黑马奔向狼山》《狼之歌》等5部作品。

《有声的戈壁》,阿云嘎著;民族出版社,2001年版。

《满巴扎仓》

阿云嘎著,哈森译,重庆出版社,2014年版。

这部长篇小说原文刊登在《潮洛濛》2012年第1期,汉译全文刊登在《人民文学》2013年第12期。

《满巴扎仓》是内蒙古作家阿云嘎用蒙古文创作的长篇小说,翻译家哈森将其译为汉文。小说围绕鄂尔多斯右翼中旗王爷府的权力之争展开故事,讲述了满巴扎仓的医生喇嘛们为了保护蒙古民族的珍贵文化遗产——元上都药典所进行的一系列斗争。作品展现了19世纪末鄂尔多斯草原的社会生活图景,具有浓郁的地域文化特色。

《燃烧的水》

阿云嘎著,内蒙古人民出版社,2006年版。

《燃烧的水》讲述了偏远落后的蒙古戈壁地区如何发现和开采石油的故事。

阿尔泰

阿尔泰（1949— ）

当代蒙古族诗人，内蒙古锡林郭勒盟太仆寺旗人。曾任《花的原野》副主编、内蒙古作家协会主席、内蒙古文联常务副主席等职务。1966年发表处女作《打井者之歌》，著有长诗《飞马》，出版《波涛集》《阿尔泰诗选》《心灵的报春花》和《阿尔泰蒙古风》等多部诗集。诗集《心灵的报春花》获全国少数民族文学创作"骏马奖"。

《阿尔泰诗选》

阿尔泰著，内蒙古人民出版社，1985年版。

《阿尔泰诗选》精选了当代蒙古族诗人阿尔泰自20世纪七八十年代以来创作的代表性诗作和近年来创作的部分新诗，是一部集中展示阿尔泰诗歌创作成就的选集。

《阿尔泰蒙古风》

阿尔泰著，内蒙古人民出版社，2008年版。

诗集《阿尔泰蒙古风》收入作品70余首，集中展示了诗人不同历史时期的经典作品，是我国当代蒙古族母语诗歌创作的标志性著作。《阿尔泰蒙古风》荣获"朵日纳"文学大奖。

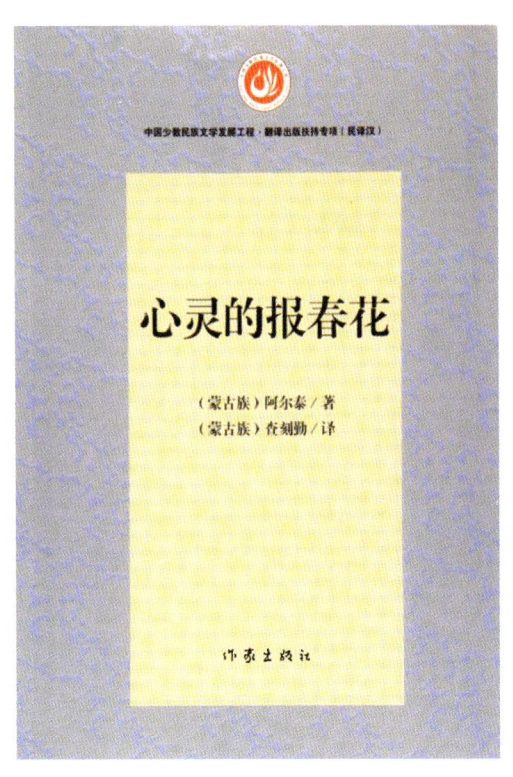

《心灵的报春花》

阿尔泰著，查刻勤译；作家出版社，2016年版。

作品收入了作者创作的重要诗作，入选中国作家协会主持的"中国少数民族文学发展工程"项目。

《心灵的报春花》

阿尔泰著，内蒙古人民出版社，1990年版。

诗集《心灵的报春花》是阿尔泰的代表作，是诗人创作黄金时代的结晶。诗集曾获全国少数民族文学创作"骏马奖"，其中一些诗作曾荣获内蒙古自治区文学创作最高奖"索龙嘎"奖。

第二章 蒙古族音乐

蒙古族传统音乐包括民间音乐、宫廷音乐、宗教与祭祀音乐三种。民间音乐是蒙古族音乐中最丰富也最具代表性的类型。它包括民歌、歌舞音乐、说唱音乐、器乐音乐四种。其中，蒙古族民歌根据声部的多寡可分为单声部民歌和多声部民歌。单声部民歌可根据旋律和节奏特点，分为长调和短调。蒙古族民间歌舞有仪式性歌舞和娱乐性歌舞。蒙古族说唱艺术有英雄史诗、胡仁·乌力格尔、好来宝等。蒙古族英雄史诗历史悠长，有《格斯尔》《江格尔》等；胡仁·乌力格尔是近150年来产生的一种新型说唱音乐体裁；好来宝是一种即兴说唱形式。蒙古族有着丰富而独特的器乐艺术，打击乐器有萨满鼓、萨满钹等萨满乐器及各种佛教鼓、佛教钹类乐器；弓弦乐器分为潮尔类弓弦乐器和胡尔类弓弦乐器两种。

历史上，很多少数民族建立的政权，都曾借鉴中原模式创制过自己的宫廷音乐，蒙古族亦不例外。在宫廷音乐方面，继成吉思汗征用西夏音乐之后，窝阔台汗、蒙哥汗也先后征用金国的太常乐和登歌乐。元朝建立后，不仅沿用了前朝祭乐，并采纳了历代中原皇朝的乐户制度。目前，这些宫廷音乐活态传承已经消失。

蒙古族宗教音乐有萨满教音乐和佛教音乐两种。在蒙古族萨满仪式中，以音乐形式表现的因素主要有两种：一是萨满神歌，二是器乐，有亨格日格（鼓）和锠（钹）两种打击乐器。蒙古族佛教音乐丰富而繁杂，大致分为诵经音乐、歌舞音乐和器乐等三个方面。蒙古族祭祀音乐有"成吉思汗祭祀乐"和"合撒儿祭祀乐"两种。

本章主要从蒙古族民歌、蒙古族器乐、蒙古族说唱音乐和蒙古族仪式音乐四个方面，介绍蒙古族音乐的种类、代表曲目及代表人物等内容。蒙古族音乐作为世界音乐文化的一部分，以其深入灵魂深处的自然力量和独特风格备受世人喜爱。

蒙古族民歌

民歌是蒙古族传统音乐中数量最多、流传最广、与人民生活和思想情感关系最密切的音乐体裁。根据声部的多寡，蒙古族民歌可分为单声部民歌和多声部民歌。根据音乐形态特征，可分为短调和长调两大类。民歌对人们的文化生活具有独特的功能与意义，因此，民间将民歌分为祭祀歌、宴会歌、劝奶歌、娱乐歌等。

长调

长调

长调一词在蒙古语中读"乌日汀道",汉意为"长、久、永恒","道"是"歌"的意思。相对于短调民歌,其节奏节拍不成方整均匀的结构形式,而是音多词少,旋律悠长舒缓,在这种音乐形态基础上结合了"努古拉"(波折音或称装饰音),以及前倚音、后倚音、滑音、回音等装饰音形成了独特的演唱技法。题材包括赞歌、哲理歌等,民间有宴歌、婚礼歌、牧歌等分类,形成了呼伦贝尔、科尔沁、锡林郭勒、阿拉善等多个长调风格区域。代表曲目有《富饶辽阔的阿拉善》《成吉思汗的两匹骏马》等。蒙古长调是游牧文化一朵永不凋谢的花朵。

哈扎布（1922—2005）

蒙古族，内蒙古阿巴嘎旗人。长调艺术大师，锡林郭勒流派的杰出代表。他在继承传统长调民歌演唱技法的基础上创造性地发展了长调民歌的演唱方法，概括出"柴如拉胡"（真声高音）、"锡尔古拉胡"（假声高音）等系列演唱技巧。他第一个将蒙古族长调牧歌搬上了舞台，为当代蒙古族长调民歌的发展做出了杰出贡献。代表曲目有《走马》《苍老的大雁》等。

宝音德力格尔（1933—2013）

蒙古族，内蒙古新巴尔虎左旗人。呼伦贝尔风格长调民歌流派杰出代表，享誉世界的长调艺术大师，音乐教育家，蒙古族长调国家级传承人。1951年，在波兰首都华沙举行的第五届世界青年联欢节上演唱《辽阔的草原》《海骝马》，并荣获金奖，成为蒙古族长调历史上的一个里程碑。代表曲目有《褐色的鹰》《巴彦巴尔虎的守夜人》等。

莫德格（1932—）

蒙古族，内蒙古西乌珠穆沁旗人。蒙古族长调国家级传承人。其演唱有含蓄细腻、行腔挥洒自如、"努古拉"华丽精致等特点，是20世纪最具影响力的蒙古族长调艺术家之一。代表曲目有《清凉的杭盖》《铁青马》《丰尾枣骝马》等。

巴德玛（1940—）

蒙古族，内蒙古阿拉善人。长调艺术大师，阿拉善流派杰出代表，国家级蒙古族长调民歌代表性传承人。主持出版9卷《阿拉善蒙古民歌集》，2009年出版个人长调、马头琴专辑《恩德二圣》。

昭那斯图（1934—1988）

蒙古族，内蒙古西乌珠穆沁旗人。长调艺术家，长调教育家。第一次将蒙古族长调艺术引入音乐教育殿堂。他培养了扎格达苏荣、敖特根、乌云毕力格、巴鲁等一大批第二代专业长调歌唱家、教育家。代表性曲目有《圆蹄枣红马》《太平盛世》等。

扎格达苏荣（1954—）

蒙古族，内蒙古苏尼特左旗人。著名歌唱家，蒙古族长调国家级非物质文化遗产代表性传承人。曾随团出访蒙古国、韩国、菲律宾、法国、日本、挪威等国家，获得了多个奖项和荣誉。在国内，荣获了"蒙古族长调最佳歌手奖""原生民歌独唱组金奖"等。

阿拉坦其其格（1955—）

蒙古族，内蒙古阿拉善右旗人。歌唱家，硕士研究生导师，中央民族大学特聘教授，蒙古族长调国家级非物质文化遗产代表性传承人。在全国性比赛中多次获得金奖，先后多次出访德国、瑞典、西班牙、荷兰等国家。其代表曲目有《金色的圣山》《辽阔富饶的阿拉善》等。

奥·额日格吉德玛（1932—）

蒙古族，内蒙古阿拉善盟人。蒙古族长调艺术家，蒙古族长调阿拉善流派的杰出代表，2008年被认定为蒙古族长调国家级非物质文化遗产代表性传承人。2007年，参加国际蒙古族长调民歌电视大奖赛和蒙古族长调论坛，荣获"达尔汗哆沁"称号。出版有《一个歌喉的九个祝福》专辑以及其他著作。

短调

短调民歌在蒙古语中称"包古尼道",是相对于长调民歌而言,指那些曲调比长调民歌短小、节奏明快规范的民歌。短调民歌广泛流行于蒙古各地,形成了诸多地方风格。其特点为:呼伦贝尔布里亚特、巴尔虎短调民歌明亮欢快,一般由"一应一答"式的上下两个断句构成;科尔沁短调民歌则以叙事民歌为主,强调戏剧性;乌拉特短调民歌兼具科尔沁与鄂尔多斯短调民歌的双重特点;鄂尔多斯短调民歌活泼欢畅,适合舞蹈洒脱豪放;锡林郭勒短调民歌典雅婉转,等等。

锡林郭勒短调表演

阿拉善短调表演

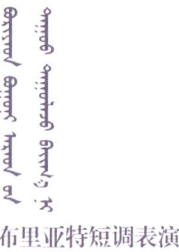

科尔沁短调表演

布里亚特短调表演

呼麦

呼麦的概念有广义和狭义之分。广义的呼麦是指蒙古族一系列传统唱法之总称,演唱方法有13种之多,目前所用的主要有4种:"哈日嘎",是一种超低音演唱方法;"伊斯古日格",是固定低音加哨音旋律声部演唱方法,"哈日嘎"和"伊斯古日格"的结合可唱出三个声部;"树伦·斯日古日格",是两个声部"直音"呼麦;"乌叶勒呼",是一种颤音演唱技法。狭义的呼麦是指一人同时演唱二声部或三声部的演唱方法。演唱者运用特殊的"闭气"技巧,使气息猛烈冲击声带,发出带有气泡音的喉腔共鸣,唱出浑厚的低声持续长音,在此长音上面唱出清亮透明的高声部泛音旋律。

呼麦表演

呼格吉勒图（1961—）

蒙古族，内蒙古锡林郭勒盟太仆寺旗人。呼麦演唱家，蒙古族呼麦国家级传承人，曾在国际和国内比赛中取得优异成绩。2005年，他成立了内蒙古第一个呼麦五人组合——"蔚蓝之声"。2007年，出版国内首张蒙古族呼麦专辑《天籁之音》。

潮尔道

潮尔道

潮尔道为蒙古语，"潮尔"意为"和声"，"道"意为"歌曲"。是蒙古族一种古老的多声部合唱形式，仅存于内蒙古锡林郭勒盟。过去，潮尔道是在宫廷王府或隆重的庆典仪式、大型那达慕会上，专门由"王爷的歌手"演唱。表演风格高贵典雅，博大恢宏。曲目有《圣主成吉思汗》《金色的诃子》《太阳般升腾》《强壮的栗色马》《月亮和星星》等共10首。根据内容，可分为赞颂歌和哲理歌两大类。旋律为长调形态，引子+潮尔道（正歌）+图日勒格的结构模式。潮尔道展现了大蒙古国和元朝以来蒙古宫廷礼仪音乐的面貌，显示着游牧民族独特的音乐审美。

布里亚特民歌

布里亚特民歌中短调居多，其长调民歌较之巴尔虎长调形式短小，结构简单，演唱技法中的"努古拉"（装饰音）较少。曲调由彼此呼应的上下两个乐句构成。常用短小乐汇的反复或乐句、乐节的模进发展旋律。唱词多为两句分四行形成一段，三拍子短调民歌是其音乐特点之一。

古如歌

"古如"为蒙古语,汉意为"国度"或"朝政",是一种古老的民歌体裁。源于宫廷,蒙古王权衰微后流传于寺院,后来逐渐流入民间成为一种民间音乐形式,流传于鄂尔多斯及蒙古国喀尔喀地区。在蒙古国喀尔喀,古如歌是在佛教寺院中演唱的特定歌曲。古如歌内容宣讲佛教典仪,诠释人生哲理,多为佛教高僧制作,以长调歌曲形态居多。

夏司特尔道

"夏司特尔"为蒙古语,汉意为"历史","道"为"歌",其中有不少曲目记载了和硕特蒙古人由西迁东定牧于阿拉善的壮阔历史。内容主要歌颂了可汗先祖、王公权贵、葛根喇嘛的恩德功绩,歌唱父母恩情,人生哲理等。音乐风格庄严肃穆、苍劲古朴,长调形态居多。

浩黑尔道

为阿拉善人相对于夏司特尔道而言的地方性音乐术语,指节奏轻快、旋律简洁、风格轻松、内容幽默的歌曲,其中包括表达男女爱情内容的歌曲,适用于娱乐演唱的歌曲,不可以在婚礼等仪式场合歌唱。

阿拉善喀尔喀民歌

阿拉善喀尔喀部，自 1901—1932 年间，从蒙古国陆续迁至阿拉善，并在长期的互动交流中，形成了融合历史与当下风格的阿拉善喀尔喀民歌。其民歌体裁可分为长调民歌、短调民歌和划拳歌三类。划拳歌是流行于喀尔喀、和硕特和土尔扈特人中的一种游戏歌曲；长调民歌代表曲目有《金色圣山》《金翅百灵鸟》《额尔敦扎萨克的马驹》等；短调歌曲有《美丽的心灵》《羽毛信》《竹鞭》等。

起宴歌

起宴歌是宴礼的序歌,是宴礼开始时演唱的特定曲目,通常是三首歌。蒙古族宴歌包括起宴歌、阶段歌、终宴歌、"图日勒格"等部分,不同地区的起宴歌的曲目根据各自地区习俗程序来演唱,如乌拉特地区有《积福》《前世缘福》;鄂尔多斯地区有《至上三宝》《八只雄狮》;阿拉善地区有《旷阔的阿拉善》《积满福德》;科尔沁和喀喇沁地区有《幸福之歌》《天上的风》;青海蒙古族有《巴彦额尔敦山》《轻快的青色马》。另外,其他地区也有各自的起宴歌。

乌拉特民歌

　　乌拉特民间将民歌分为"希鲁格图道"和"花儿图道"两种。"希鲁格图道"包括赞颂佛法、朝政、家乡、讴歌亲情等严肃和古朴内容的歌曲。民间称的"希鲁格图道"是18世纪乌拉特文化巨擘梅日更葛根所创作的81首歌曲。"花儿图道"包括爱情、幽默、诙谐、讽刺等内容的歌曲，其形态为短调，形式短小、风格活泼。"希鲁格图道"有《积福》《前世福缘》《无量福》等曲目。

安代歌舞

　　安代歌舞是流行于内蒙古东部通辽市库伦旗、辽宁省阜新蒙古族自治县的一种民间歌舞形式。原来是一种萨满仪式歌舞，专治女性癔症，分为三种形式。通常为一人领唱，众人应和，又唱又跳，即兴性很强。中华人民共和国成立后，安代歌舞逐渐失去宗教仪式本质，演变成为富有地方特色的歌舞形式。安代歌舞具有自己体系化的音乐曲调，基本曲调约有70首。

蒙古族器乐

蒙古族有着丰富而独特的器乐艺术,包括弓弦乐器、弹拨乐器、吹奏乐器和打击乐器四大类。弓弦乐器,可分为潮尔类弓弦乐器和胡尔类弓弦乐器两种。潮尔类弓弦乐器有潮尔、叶克勒、锡纳干·胡尔、阿日森·胡尔等。此类乐器音色淳厚,泛音丰富;胡尔类弓弦乐器指各种胡琴,包括四胡和二胡。蒙古族弹拨乐器有火不思、托布秀尔、雅托噶、三弦等。吹奏乐器有冒顿潮尔、临布(笛子)等。打击乐分为节奏性打击乐器和旋律性打击乐器,多为萨满教或佛教乐器。节奏性打击乐器有萨满鼓、萨满钹以及各种佛教打击乐器。旋律性打击乐器有扬琴,主要流行于鄂尔多斯一带,用于器乐合奏。

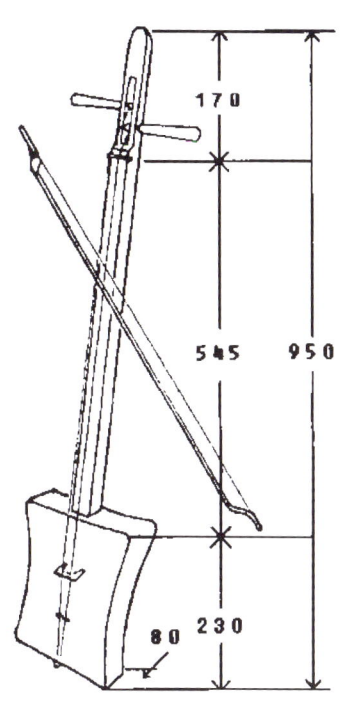

潮尔

蒙古族潮尔类乐器有：潮尔，流行于科尔沁和喀喇沁地区；锡纳干·胡尔，"锡纳干"为蒙古语，汉意为"勺子"，流行于锡林郭勒、喀尔喀等地；"叶克勒"为蒙古语，汉意为"马尾"，流行于新疆、阿拉善地区；阿日森·胡尔，"阿日森"为蒙古语，汉意为"皮"，流行于科尔沁北部等地。潮尔共鸣箱有倒梯形、多边形、椭圆形、勺形、瓢形等不同形状，大小不一，多数为单面蒙皮，琴头除了马塔尔（鳄鱼）首外，还有龙首、兽首、鸟首或无首，琴颈有曲颈和直颈两种，长短彼此也不同。潮尔的低音弦一般不用来演奏旋律，而是与高音弦同时拉响，奏出持续低音，与高音弦旋律声部形成二声部。潮尔的泛音十分丰富。

潮尔包括弹拨潮尔（托布秀尔）、弓弦潮尔（在科尔沁直接称其为抄尔）、喉音潮尔（又称为呼麦）、潮尔道等形式。

弓弦潮尔

弓弦潮尔产生于内蒙古科尔沁地区，用于蟒古思因·乌力格尔、胡仁·乌力格尔、民歌演唱做伴奏，在世俗仪式和宗教民俗活动中使用。

弓弦潮尔形制包括琴箱、琴首、琴弦、琴码、琴杆、琴轴、琴板、插刀等九个部分。弓弦潮尔的一个特点是用插刀，即将刀锋朝内，大致45°斜插在琴码上，起到音柱的作用，插刀位置不同音色也不同。代表曲目有《八谱》等。

色拉西（1887—1968）

蒙古族，内蒙古科尔沁左翼中旗人。潮尔艺术大师，是集潮尔演奏、说唱英雄史诗、好来宝、演唱叙事民歌等多种艺术于一身的艺术家。被公认为20世纪中国最杰出的民族艺术家之一。代表曲目《朱色烈》《乌拉盖河》等成为传统乐曲中的经典。在音乐教育方面，培养出桑杜仍、敖特根巴雅尔、达瓦、西日莫等一批杰出的马头琴艺术家。20世纪60年代初曾赴京讲学、录音、灌制密纹唱片，为后人留下了珍贵的音乐资料。

布林（1940—）

蒙古族，内蒙古科尔沁左翼中旗人。潮尔、马头琴艺术家，硕士研究生导师，马头琴艺术国家级传承人。是目前掌握马头琴三种定弦五种演奏法的艺术家，内蒙古大学艺术学院客座教授，内蒙古师范大学马头琴专业方向研究生导师。

冒顿潮尔

卫拉特蒙古部民间吹管乐器，至今仍在新疆阿勒泰地区流行。其形制颇为独特，竖吹散孔，两端皆启口。演奏时将管口抵在低音，余气吹奏旋律，形成奇特的双声部。曲目内容多为赞美自然风光或描绘野生动物的可爱形象。诸如《深山的回音》《奔跑的黑熊》之类。这一乐器历史久远，风格质朴，尚保留着山林狩猎文化时期的遗风。

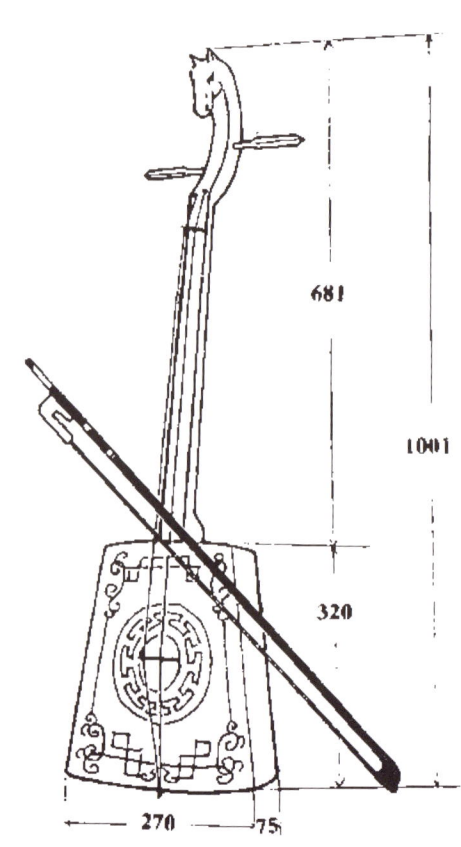

马头琴

蒙古语称"莫林·胡尔",是蒙古族最具代表性的乐器之一。由琴体、琴杆两部分组成,采用梨木、红木或白松木、紫檀木等材料制作,琴长三尺有余,琴头刻以马首。琴杆呈半圆形,平面为指板。琴杆贯穿共鸣箱,下端方柄套以皮革,上端连接琴弦,靠定弦张力加以固定。琴颈上凿出空槽,左右各装一支线轴,以两缕尼龙为琴弦。琴弓用硬木制作,弓端开小孔,穿以弓毛打结固定,以马尾或马鬃为两股弓弦。共鸣箱为木制,呈梯形,音孔在正面。马头琴为反四度定弦,演奏时用指尖触弦左侧。马头琴音色醇厚饱满,风格深情委婉,极富感染力,经常用来独奏或为长调民歌伴奏。代表曲目《万马奔腾》《朱色烈》《凉爽的杭盖》等。

桑杜仍（1926—1967）

蒙古族，内蒙古科尔沁右翼前旗人。马头琴艺术家，中华人民共和国成立后第一位蒙古族青年马头琴演奏家，当代马头琴艺术的奠基人之一。他结合众家之长创立了新型马头琴演奏技法，这一技法的创立对内蒙古马头琴艺术新流派的形成、演奏技巧的系统化、规范化做出了巨大贡献。

齐·宝力高（1944—）

蒙古族，内蒙古科尔沁左翼中旗人。马头琴艺术国家级非物质文化遗产代表性传承人，他集作曲家、演奏家、教育家、改革家于一身，是当代杰出的马头琴艺术大师。1989年策划成立中国马头琴学会，后组建"野马"马头琴乐团，将马头琴这一蒙古族独有的乐器推向了世界舞台。创作并演奏的《万马奔腾》《初升的太阳》等已成为经典曲目。出版的专著有《马头琴演奏知识》《马头琴演奏法》等。

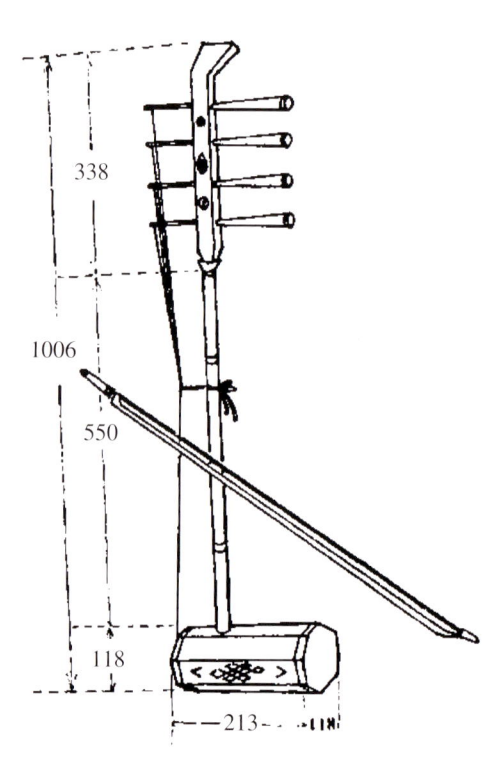

四胡

四胡，也称四股子。蒙古族称它为胡兀尔、胡尔或四弦，是北方民族共同使用的一种古老的弓弦乐器。琴筒木制，呈圆形、六角形或八角形，一端蒙羊皮或蟒皮。琴杆用乌木或红木制成。四根弦的第一、第三和第二、四个各为一组，每组两根弦的音高相同。分为大四胡和小四胡两种；小四胡（高音四胡）多用于独奏和民间器乐合奏；大四胡（低音四胡）用于说唱音乐的伴奏。此外还有中音四胡，其音域两个八度可作为独奏、重奏、伴奏乐器。

四胡乐器主要流行地区有内蒙古、辽宁、吉林、黑龙江等省区。演奏技巧有滑音、颤音、打音、泛音、双音、双打音、双泛音等。四胡传统乐曲有《八音》《荷英花》等。

孙良（1910—1997）

蒙古族，原籍辽宁省阜新蒙古族自治县。蒙古族四胡艺术大师，科尔沁风格杰出代表，现代专业四胡的形成与发展的奠基者和集大成者。其演奏风格朴实自然，刚健清新，音色圆润饱满，运弓扎实流畅，达到了炉火纯青的地步。他还先后培养出数十名学生，被誉为蒙古族四胡一代宗师。

孙良经过几十年的艺术实践，创立了"按""滑""打""弹""勾"等多种演奏方法，以及"长弓快曲"的技巧，丰富了四胡的表现力。他演奏过的曲目都经过精心设计，如《八音》，他率先在不同把位上演奏，使其在发展中形成了十二个调性不同的变体，成为一首极具蒙古特色的民族器乐音乐精品。

吴云龙（1935—2013）

原名官布斯楞，蒙古族，内蒙古奈曼旗人。是集传统与现代、民间与专业于一身的演奏家，四胡艺术大师。在四胡音乐创作、乐器改革以及教育、艺术传承等方面均做出了重要贡献。蒙古族四胡音乐国家级非物质文化遗产代表性传承人。

吴云龙在高音四胡的琴筒、琴弦及琴弓等方面进行了调整和改革，取得了良好的效果。创作曲目有《白马》《牧马青年》等。改编的作品有《八条龙》《万年欢》《好来宝联奏》等。2006年出版了《吴云龙四胡教程》。

伊丹扎布（1948—）

蒙古族，内蒙古科尔沁左翼中旗人。著名四胡艺人，民歌手，蒙古族四胡国家级传承人。2003年春在中央电视台录制节目，同年经作曲家永儒布等人的推荐受聘于内蒙古师范大学音乐学院，并于同年8月应邀在中国音乐学院举办演奏、演唱会。其四胡演奏曲目包括民歌曲调、说唱音乐曲牌等。他还能够演唱200多首科尔沁短调民歌。代表曲目有《金珠儿》《乌云珊丹》《荷英花》等。

合奏

蒙古族器乐合奏音乐按地区可分为鄂尔多斯、科尔沁、锡林郭勒合奏乐。在鄂尔多斯民乐合奏通常与民歌坐唱结合在一起，如《森吉德玛》《庆王格衙门》等。这种合奏的形式与民俗仪式的歌唱活动紧密结合在一起，演奏者、歌者、听众之间常常互换角色来继续宴会的音乐。合奏曲目几乎全部都是当地的民歌曲调或民歌曲调改编成的器乐曲。常用羽调式、宫调式等。乐器有笛子、四胡、三弦、扬琴等，俗称"四大件"，还有雅托噶、笛子、四胡的组合搭配。

科尔沁民乐合奏

流行于通辽、兴安盟及赤峰地区。19世纪末开始，清朝实行"移民实边"政策，内地的汉族大量移居内蒙古东部及南部，使得大量牧民北迁，留下来的蒙古人生活形成了半农半牧的生产方式，在这些地区逐渐产生了蒙汉民间音乐交融的现象。因此科尔沁民乐合奏中有传统的民歌曲目，如《乌云珊丹》等；宗教曲目《普庵咒》等。乐器有四胡、马头琴、笛子等。

锡林郭勒丝竹乐

流行于内蒙古南部地区，以察哈尔的阿斯尔著称。阿斯尔是一种蒙古族民间器乐合奏体裁，是由多首乐曲和歌曲组成的套曲形式，乐器有胡琴、马头琴、雅托噶（蒙古筝）、临布（笛子）和三弦等。主要曲目有《阿都沁·查干阿斯尔》《固勒查干·阿斯尔》等10首。阿斯尔的音乐以器乐合奏为主，中间夹以歌曲演唱，均为短调形态。音乐风格高贵雅致、恬静优美，洋溢着乐观活泼、积极向上的气息。

其他乐器

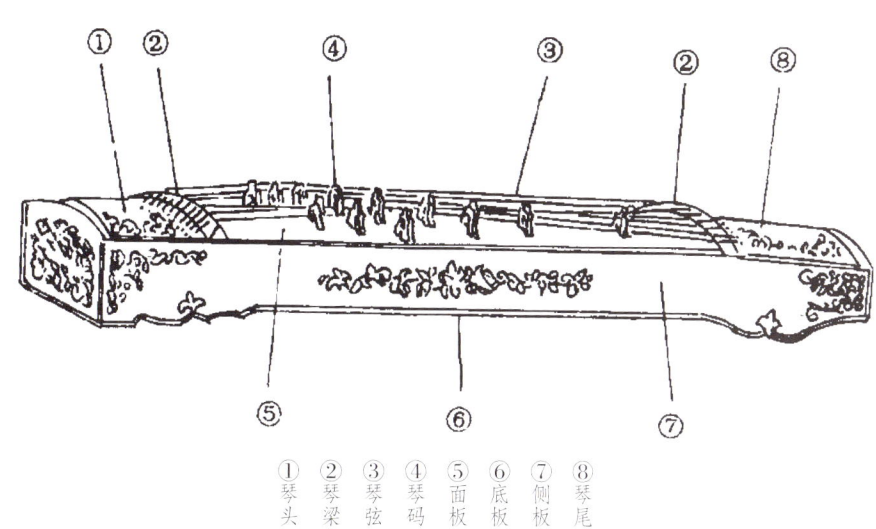

① 琴头 ② 琴梁 ③ 琴弦 ④ 琴码 ⑤ 面板 ⑥ 底板 ⑦ 侧板 ⑧ 琴尾

雅托噶

又称蒙古筝，是蒙古族人民喜闻乐见的一种古老的民族乐器。主要流传于锡林郭勒盟和鄂尔多斯一带，其历史可上溯到元代。

传统雅托噶用白松制作。琴身用红、黄、绿、白色绘制成具有蒙古民族民间风格特色的图案。由琴头、琴梁、琴弦、琴码、面板、底板、侧板、琴弦、琴尾组成。雅托噶以五声音阶定弦，雅托噶调名在不同地区有不同的称呼。

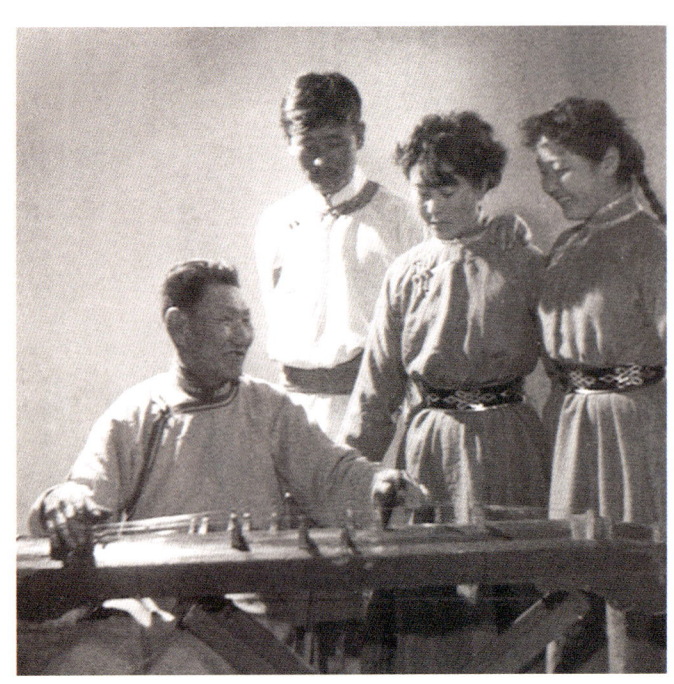

扎木苏（1922—1997）

蒙古族，内蒙古苏尼特右旗人。著名雅托噶演奏家。1939年加入本旗王府乐班，成为"王爷的乐手"。锡林郭勒草原雅托噶流派的杰出代表和传人，其演奏技巧纯熟，音色清澈，浑厚圆润。演奏曲目十分广泛，如《古尔班·阿奇》，民乐合奏《阿斯尔》《八谱》等。

娜仁格日乐（1939—）

蒙古族，内蒙古兴安盟人。当代蒙古族雅托噶演奏家、教育家和理论家、雅托噶传承人。1989年出版了《阿斯尔专辑》。2001年和2006年赴台湾和香港举办雅托噶独奏音乐会。

蒙古三弦

　　蒙古三弦在蒙古语中称为"舒达日古"，它既是独奏乐器也是合奏乐器。蒙古三弦以大型和中型的三弦居多，在鄂尔多斯高原的乌审旗、杭锦旗一带，许多牧民家都有演奏三弦的传统。多用红木或乌木制作，琴杆下部弯曲部分改成直杆，加大了音箱，由民间用羊皮、牛皮改为多用蟒皮蒙音箱两侧，丝弦改为尼龙弦或金属弦。蒙古三弦曲有传统乐曲、蒙古民歌改编的乐曲。

演奏蒙古三弦

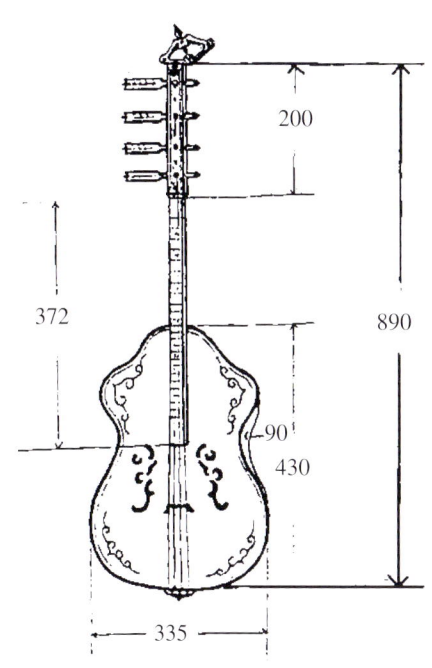

火不思

又称好必斯，能合奏、伴奏，也能独奏。音色圆润柔和，纯净典雅，民族韵味独特。火不思随着改革重新焕发出新的生命力，广泛应用于许多乌兰牧骑和演出团体，不仅在演奏性能上有改进，而且在外形上也下了一番功夫。1989年出版了有关火不思的教材，并陆续培训出200多位演奏者。流行于内蒙古、新疆、云南等地。

蒙古族说唱音乐

说唱音乐是相对于歌唱音乐的称谓，是以说和唱结合的表演形式来描绘情景、传达音乐内容的艺术种类。蒙古族说唱音乐有着悠久的历史，古代说唱音乐形式有英雄史诗，其篇幅经过了短、中、长三个阶段的发展，包括蒙古族卫拉特人的《江格尔》、藏族与蒙古族共同创造的《格斯尔》以及科尔沁地区的蟒古思因·乌力格尔，具有浓郁的神话特色。近代说唱音乐有胡仁·乌力格尔，篇幅较大，题材内容丰富，是集多民族民间音乐文化元素而形成的。另外，还有好来宝和各种祝赞词，它们植根于深厚的民间文化，具有非常强的即兴特点。

蟒古思因·乌力格尔

科尔沁民间将英雄史诗称为"蟒古思因·乌力格尔",是国家级非物质文化遗产项目,为蒙古史诗的一种地方形式。"蟒古思因·乌力格尔",汉意为"魔鬼的故事"。民间称蟒古思因·乌力格尔艺人为"蟒古思奇"或"潮尔奇",他们用潮尔伴奏。近代,出现了用胡琴伴奏的形式。唱词为韵文体,一般只唱不说,曲调多由上下两句构成。代表人物布仁楚古拉(1947—2008),蒙古族,内蒙古科尔沁左翼中旗人。著名史诗艺人、潮尔传承人、叙事民歌手、科尔沁潮尔史诗国家级传承人。

胡仁·乌力格尔

胡仁·乌力格尔

流行于内蒙古东部的一种说唱艺术。"胡仁"指胡琴（即四胡），说唱胡仁·乌力格尔的艺人称为"胡尔奇"，四胡伴奏，表演形式为自拉自唱自说。乌力格尔曲调丰富，故事篇幅长、人物众多、情节复杂，一部乌力格尔少则数天，多则两三个月才能说完。代表曲目有《兴唐五传》《青史演义》《嘎达梅林》等。流派有丹森尼玛流派、扎那流派、布仁巴雅尔流派、孟根高力套流派、吴钱宝流派等。

扎那（1901—1986）

蒙古族，内蒙古扎鲁特旗人。说唱艺术大师。1927年被选为图什业图旗王府四大说唱艺人之一（另外三位为快忙、孟根高力套、金宝山），并留在王府说书。1948年，他弃艺从医。

额尔敦珠日合（1918—1984）

蒙古族，内蒙古科尔沁右翼中旗人。著名说唱艺人。他的演唱继承了其师傅扎那的演唱艺术风格，是扎那流派的重要传承者之一。代表曲目有《封神演义》《隋唐演义》等。

琶杰（1902—1962）

蒙古族，内蒙古扎鲁特旗人。说唱艺术大师。1956年开始在内蒙古蒙古语说书馆专职乌力格尔说唱，其代表性传统曲目有《三国演义》《西游记》等。琶杰说唱的《格斯尔传》是蒙古族格斯尔史诗中最重要版本，被学界称为"琶杰格斯尔"。出版的作品有《琶杰作品选》《琶杰格斯尔》等。

布仁巴雅尔（1928—1985）

蒙古族，内蒙古科尔沁右翼中旗人。著名说唱艺人。改编科尔沁草原上的著名民歌《达那巴拉》为胡仁·乌力格尔，是科尔沁右翼中旗胡仁·乌力格尔"中派"风格的代表人物。代表性传统曲目有《龙虎两座山》《薛刚反唐》等几十部；现代新编曲目有《烈火金刚》等10余部。

孟根高力套（1914—1969）

蒙古族，内蒙古科尔沁右翼中旗人。著名说唱艺人。善于演唱战争场面的故事，喜欢运用谚语。代表性曲目有《周国故事》《大唐故事》等20多部。形成科尔沁右翼中旗胡仁·乌力格尔之"下派"风格。

扎拉森（1950—）

蒙古族，内蒙古奈曼旗人。著名说唱艺人，叙事民歌手、英雄史诗传承人，当今为数不多的集乌力格尔、史诗、叙事民歌、好来宝等艺术为一身的杰出艺人。乌力格尔曲目有《宝音诺莫呼亲王》《沙格德尔》等50余部；史诗和叙事民歌有《乌楞图门森德勒》《额真图门森德勒》等。

乌斯呼宝音（1914—1978）

蒙古族，原籍内蒙古翁牛特旗。著名说唱艺人，蒙古族说唱艺术昭乌达流派的主要代表人物。1963年创作《一颗星》《白音套海的斗争》等。1984年出版《乌斯呼宝音作品选》。

吴·道尔基（1933—）

蒙古族，内蒙古科尔沁左翼中旗人。叙事民歌、胡仁·乌力格尔艺术科尔沁左翼流派代表人物之一。代表作有《春秋战国》《夏朝故事》等。语言丰富生动，即兴表演能力超群。

特木热（1944—）

蒙古族，内蒙古科尔沁左翼中旗人。当代著名的说唱艺人，优秀的四胡传承人，乌力格尔自治区级传承人。代表曲目有《隋唐演义》等20余部。

甘珠尔（1950—）

蒙古族，内蒙古科尔沁右翼中旗人。著名说唱艺人。他的足迹遍布兴安盟等地的农村和牧区，被誉为"农牧民的胡尔奇"。出版说唱专辑《巧七宴》，出版大型传统乌力格尔曲目《顶天山》。代表曲目有《东辽》《隋唐演义》等。

好来宝

蒙古族曲艺形式之一。"好来宝"为蒙古语，汉意为"连缀""连诵"，即联头韵。是一种流行于东蒙地区的即兴说唱音乐形式。原是指即兴诵唱的韵文形式，后发展成为独立的说唱艺术。好来宝分无乐器伴奏的"雅巴干·好来宝"和用胡琴伴奏的"胡仁·好来宝"两种。胡仁·好来宝在特定的曲调框架基础上即兴编词演唱。传统曲目有《燕丹公主》《枣红马赞》等。

毛伊罕（1906—1979）

蒙古族，内蒙古扎鲁特旗人。20世纪最杰出的蒙古族说书艺术大师之一。20岁左右便游走于东部科尔沁、扎鲁特、奈曼、阿鲁科尔沁等地，成为一名职业说唱艺人。代表性传统曲目有《水浒传》《隋唐演义》等。

却吉嘎瓦（1933—1995）

蒙古族，内蒙古扎鲁特左旗人。著名说唱艺人。其演唱的主要曲目有：《宋唐演义》《大西梁》等。他自创乌力格尔曲目，创编《道木格奇的荣誉》。作品有《木华黎》《金色的兴安》《突击白虎庄》《草原战争》等。

叙事民歌

蒙古族自古就有叙事民歌，如《孤儿传》《箭筒士阿尔嘎聪的传说》等，具有篇幅短、强烈的浪漫主义色彩和借事抒怀的特点。表现形式有叙事和抒情，说唱兼备。题材十分广泛，如叙述英雄事迹的《嘎达梅林》《陶格陶胡》等；讲述爱情婚姻的《韩秀英》《达那巴拉》等；还有神话、童话等叙事民歌。根据篇幅可分为短、中、长篇叙事民歌。这种叙事民歌主要流行于内蒙古东部。

查干巴拉（1926—1990）

蒙古族，内蒙古科尔沁左翼中旗人。享誉科尔沁草原的叙事民歌大师，科尔沁短调民歌流派的杰出代表，人称"达尔汗歌王"。年少时经常在节日和婚礼上演唱，声名远扬。他能够熟练地演唱200余首民歌。代表曲目有《韩秀英》《达那巴拉》《娜布其公主》等。

李双喜（1955—）

蒙古族，内蒙古科尔沁左翼中旗人。说唱艺术家、著名叙事民歌手。他演唱的叙事民歌有《万莉》《探花》等100多首，他改编的乌力格尔《青史演义》获得内蒙古自治区首届文学创作"索龙嘎"一等奖。2004年，出版了自己的专辑《著名蒙古族说唱艺术家——李双喜》(1~10)。

蒙古族仪式音乐

蒙古族仪式音乐包括宗教仪式音乐和世俗仪式音乐。宗教仪式音乐又包括萨满教仪式音乐和佛教仪式音乐两部分。世俗仪式主要有满月仪式、婚礼仪式、寿诞仪式以及重大民俗仪式等。

萨满仪式音乐包括音乐和音声两个部分。曲目有《请神歌》《祈祷歌》等。佛教仪式音乐分为诵经音乐、乐舞音乐、佛教剧音乐和器乐音乐。曲目有《释迦牟尼颂》《宗喀巴颂》等。世俗仪式音乐包括所有宗教仪式以外仪式上的音乐，承载着蒙古族丰富的文化功能和意义。

蒙古族仪式音乐内涵丰富，体裁形式多样，是蒙古族民间音乐体系中重要的组成部分。

萨满仪式音乐

萨满仪式音乐形式有两种：一是萨满神歌，二是器乐。萨满神歌是由词和曲相结合而成；器乐则主要有鼓和铰两种乐器。此外，还有祭祀颂神的韵白、吟诵、萨满作法跳动时萨满服上金属饰品相互碰撞等音声。萨满仪式融歌、舞、乐为一体，可称为萨满乐舞。萨满鼓既是乐器也是法器，为歌舞伴奏烘托氛围。

佛教音乐

随着藏传佛教在蒙古地区的不断推广，其音乐也由于地缘关系，出现了融合藏、蒙古、汉族佛教音乐因素的蒙古族佛教音乐。佛教音乐包括佛教颂歌、佛教赞美诗、佛教叙事歌曲等。乐器有法螺、铜钹、扁鼓、金刚铃、铜锣、大法号、胫骨号等。

广宗寺佛乐

广宗寺，已有200多年的历史，坐落于内蒙古阿拉善左旗境内。广宗寺佛教音乐由《吉森佐》《万宁化》等组成。演奏的乐器有二胡、四胡、云锣、三弦、扬琴、竹笛、碰铃等，乐队由10~20人组成。

民俗仪式音乐

在广阔的蒙古高原上，蒙古族世代游牧迁徙形成了独具特点的民俗文化。蒙古族民俗中有多种礼仪，如婴儿满月仪式、成年仪式、婚礼仪式、祝寿仪式、丧葬仪式以及各种祭祀仪式。这些礼仪都与宴会融为一体，在宴会中人们用特定的内容、意义、象征等为依据，创造了结构化的一系列歌曲，俗称宴歌。

婚礼仪式音乐

蒙古族传统的嫁娶习俗随着其众多环节的进行，其歌曲也有特定的要求。如科尔沁婚礼从选择媒人开始到结婚典礼后的"回门"要经历24个程序。婚礼音乐分为说唱形式和歌唱形式两种类型。蒙古族的婚礼仪式歌曲具有高度的程式化和符号化的特点。

第二章 当代蒙古族舞蹈

据有关资料记载，舞蹈起源于远古人类在求生存、求发展中对劳动生产、健身和战斗操练等活动的模拟再现，也是图腾崇拜、巫术宗教祭祀活动和表现自身情感思想的需要。它和诗歌、音乐结合在一起，是人类历史上最早产生的艺术形式之一。蒙古族舞蹈，同蒙古民族的发展历史一样悠久而灿烂。蒙古民族的舞蹈文化与他们的狩猎、游牧生活有密切联系，在新石器时代和青铜时代凿刻的阴山岩画中，有着生动真实的表现。从《蒙古秘史》记载的"……直踏出没肋之蹊，没膝之尘矣"的多人参与的群舞，到表现海青鸟的双人舞蹈《白翎雀》乐舞，再到元代的宫廷舞蹈《十六天魔舞》等，为蒙古族舞蹈的形成奠定了基础。

本章主要介绍了当代蒙古族舞蹈，分为1947—1966年的蒙古族舞蹈、1966—1980年的蒙古族舞蹈、1980—1990年的蒙古族舞蹈和1990以后的蒙古族舞蹈，重点展示了这四个时期蒙古族舞蹈的特点和代表作品等方面的内容。

蒙古族舞蹈植根于蒙古民族的游牧生活，天生具备亲近自然的朴素气质与生命活力，展现了蒙古族热情奔放、彪悍豪迈的精神风貌。蒙古族舞蹈古老又现代、优雅又激情、舒展而豪放的舞蹈语汇，能够在全世界的瞩目中实现无障碍传达。蒙古族舞蹈的质朴豪放、刚劲有力，给人一种扑面而来的清新和正能量。蒙古舞不仅闪耀在中国，也辉映了世界的舞台。

1947—1966年的蒙古族舞蹈

1947—1966年，蒙古族舞蹈从民间自娱自乐性的群众文化活动进入创作舞蹈阶段，舞蹈艺术迅速发展并因优秀作品众多、艺术成就斐然而奠定了蒙古族舞蹈艺术的风格与特色。1946年，新舞蹈《希望》引领并开创了舞蹈艺术的先河。由此，蒙古族的第一个创作舞蹈《牧马舞》于翌年由贾作光创作并演出。自此，蒙古族创作舞蹈登上社会大舞台，使舞蹈从自娱自乐的民间活动中脱颖而出，成为有内容、有画面、有节奏与伴奏、有统一服饰的艺术作品，逐渐成为人们喜闻乐见并具有一定审美意义的文化产品。之后，《雁舞》从写实到写意开拓了创作的思路，在来源于生活又高于生活的创作之路上，展现了新的艺术特色，迈出了新的步伐。这个时期成为蒙古族创作舞蹈高产而且艺术水平较高的阶段。

《牧马舞》

1947年由贾作光创作并演出。马在蒙古人民的生产与生活中有着至关重要的作用。在蒙古人的观念里，马是吉祥的化身、兴旺的象征。因此，风格迥异的马步成为蒙古族舞蹈中舞步的主要内容。马步是模拟马的各种姿态和动作而成，其动作繁复，特色突出，包括骑马步、跑马步、摇步、刨步等。舞者时而模拟牧人骑在马背上，以"走马步"的姿态，舒缓轻松地行走，时而又模拟牧人在一望无际的草原上纵马奔驰。此外，扬鞭、抽鞭、提鞭、绕鞭等上肢动作，以及套马式、牵马式、拴马式等动作都丰富了蒙古族舞蹈的艺术语汇，同时深刻地体现了游牧文化的内涵。

《雁舞》

男子独舞，1947年由贾作光创作并表演。作品从写实到写意，以诗情画意般的艺术美感开拓了来源于生活又高于生活的创作之路。《雁舞》以模拟大雁的风姿表现了舞者的情怀。

《鄂尔多斯舞》

男女群舞，1954年创作并登上艺术舞台。舞蹈吸收了佛教舞蹈"查玛舞"的基本动作，表现了新时期蒙古族百姓的快乐心情。影响之大、意义之深远都在蒙古族舞蹈史册上留下浓重的一笔，成为百跳不厌和百看不厌的艺术精品，至今仍以独特的风格和魅力独占鳌头。1955年，在波兰华沙举行的第五届世界青年与学生和平友谊联欢节上获得金奖；1994年，在"中华民族20世纪舞蹈经典"评比中当之无愧地获得经典作品金像奖。

《布里亚特婚礼舞》

表现布里亚特蒙古族部落的舞蹈《布里亚特婚礼舞》，以不同组舞的形式出场，展现了儿童、青年女性等特色舞蹈，使作品具有了小舞剧艺术雏形的特点，为后期舞剧的创作和大型舞剧的形成奠定了基础，也展示了布里亚特蒙古部落的民俗与风情。

《盅碗舞》

《盅碗舞》来自民间,产生于人们酒足饭饱仍不能尽兴之后。舞者一手持两个酒盅上下相叠并在击打时发出清脆的响声。在后人冠以专业名词"大拉背"的同时,脚下以"圆场步"绕圈行走,飘逸优美,展示了舞者内心的情怀和独特的艺术表现力。

群舞《顶碗舞》

舞蹈以"碎抖肩""大揉背"等上肢动作和飘一般的"圆场步"表现女性优雅含蓄的特性。舞蹈以流畅的舞步、舒展的舞姿在瞬间的造型中凝练出雕塑般的形态，以新的视角解读传统的艺术风格。舞蹈动作规范、表现细腻，节奏感更加突出并增加了手部动作。

《挤奶员舞》

蒙古族劳动生活的艺术再现。舞蹈将"挤奶""梳头"等生活动作艺术化,奠定了蒙古族舞蹈的基本语汇。其动作、韵律、风格和旋律为后来许多舞蹈创作提供了素材,也为人们认识蒙古族民间文化打开了一扇窗。

《摔跤舞》

以蒙古族男性传统的三项竞技项目之一的"摔跤"为表现形式，赞美勇气与力量。舞者之间，是灵魂的对舞，也是力量的角逐，更是雄性展示个人魅力的时机。强者或将对方绊倒，或将对方举起，力量的悬殊构成舞蹈的高潮，体现了游牧文化中独特的风格和崇尚力量的文化内涵。

《驯马手》

　　以套马、拽马杆、被马拖着跑等驯服生马的过程，再现劳动场面。舞蹈家查干朝鲁以"翻身小跳步""走马碎肩前行"等动作的完美呈现，给观众以强烈的艺术震撼。激情与深情的表演，让《驯马手》成为蒙古族男性舞蹈的代表性作品，至今无人企及。

1966—1980年的蒙古族舞蹈

1966—1980年是蒙古族舞蹈艺术经过沉寂后开始复苏的阶段。思索和创新使这阶段成为艺术实践的探索期。《喜悦》《心中的歌》等几个女性独舞相继出现，与20世纪60年代初期的《顶碗舞》动作基本相同，都以"大拉背""圆场步""碎抖肩"等女性代表性动作展示舞者的内心与情感。《喜悦》青春质朴，飘逸浪漫；《心中的歌儿》则以阅尽沧桑后的感恩展示了表现形式上的厚重。各自均以不同的侧重展示了不同时期的文化特色和精神追求，但共同的端庄气质则是蒙古族女性舞蹈传统风格的精髓。

《喜悦》

表现了蒙古族妇女喜悦的心情。舞蹈如抒情小诗，以"圆场步""大揉背"出场，每一个指关节都在音乐中伸缩有度，微小的尺度似乎是肢体语言的柔声细语，不由得让人追随着她的舞步，感受美不胜收的草原与灵魂之美。

《心中的歌儿》

表现了当代蒙古族女性的心声。蒙古族舞蹈家斯琴塔日哈在"揉背""抖肩""软手"等基本语汇的每个衔接之处，都以一个小身韵在刹那的摆动中为舞蹈增添了成熟的韵味和独特的个性，因而也确定了她自身的艺术风格。

《筷子舞》

　　流传于内蒙古西部地区，产生于人们酒酣饭饱之后。随着民歌的节奏，执筷敲打自己的肩、肘、手等部位以抒发情感。从坐着附和到起身参与，同时开始敲击腿、胯、背部以及脚底、地面等，舞蹈范围得以扩大并逐渐成为多人共舞的民间活动。

1980—1990年蒙古族舞蹈

1980年初，男子独舞《鹰》用舞蹈语言诠释了蒙古族古老的寓言故事，以一个人饰演两个角色的方式，再现了古代蒙古人崇尚"猛禽"的观念。从对"白翎雀"的崇拜，到《鹰》的再现，舞蹈仍是民族文化与思想情感的体现。男群舞《鼓舞》展示了原始宗教舞蹈的厚重和深沉。男群舞《好比斯》，以民间乐器好比斯为情感寄托，再现了蒙古民族历史上一个部落辉煌的瞬间，舞蹈以悲壮的艺术情怀给观众留下深刻印象。

《鹰》

蒙古族崇拜鹰的观念来自祖先崇拜猛禽白翎雀。《鹰》舞中，舞者以双手相叠呈蛇头状，手臂瞬间弹出与收回再现蛇的敏感；以舒展的双臂伸向蓝天表现鹰的雄姿。舞蹈以拟人化的方式，表现鹰的潇洒和蛇的妩媚。鹰胜利了，迈着颠颠的舞步再次飞翔于云端。天幕上留下远去的身影，渐飞渐远。

《鼓舞》

展示了原始宗教舞蹈的鼓技，也体现了男性舞蹈古老的风韵。鼓是蒙古族民间乐器之一。《鼓舞》使用了转鼓、抛鼓、绕鼓、敲鼓等手法，其专注与用情，使作品在凝重、粗犷的表现中略带一丝伤感。舞蹈从远古走来，展示了民间艺术的魅力，很好地诠释了民间舞蹈中男性舞蹈的特色与民间舞蹈的精髓。

《好比斯》

以民间古老乐器"好比斯"为情感寄托，再现历史上蒙古军队远征中遇到逆境时，"好比斯"带给人们的安慰与希望，使受到鼓舞的战士走出困境取得胜利的故事。

1990年以后的蒙古族舞蹈

1990年后,创作舞蹈以更加艺术化和更加唯美的特点展示出新时期的艺术特性。女独舞《翔》以肢体语言的完美表达,表现了大雁展翅飞翔的瞬间和安静的情态。独舞《蒙克珠兰》是民间舞蹈"顶灯舞"的舞台再现。独舞《蒙古人》展示了蒙古族女性的气质,体现出新时期蒙古族新女性对生活的态度和自强自立的精神,以及她们在不同阶段的情感世界。

《翔》

独舞《翔》表现了大雁优美的动态和安静的情态,将大雁最美的艺术形象献给了观众。天幕上,一只大雁由远而近慢慢飞来。柔韧的手臂在伸展、弯曲,手指关节一个个舒展开来,又一节节蜿蜒而去中展示了大雁在俯瞰大地、直冲云霄、湖边漫步、梳理羽毛等动作的惬意。

《蒙克珠兰》

独舞《蒙克珠兰》是民间舞蹈"顶灯舞"的舞台再现。作品以对"火"和"光"的崇拜而由此生发出对"灯"的赞美，表现了民族的信仰并使之在艺术舞台得到了延伸。舞者头部顶一盏点燃的灯，双手各端一盏灯，裙摆上镶嵌同样的一圈灯，在"圆场步"的流动中形成一团光，像神灯传递着光明和希望，将崇拜和敬仰寄托其中。

《蒙古人》

　　独舞《蒙古人》，以女性在不同历史阶段的情感世界再现了时代特色。舞曲响起，舞者以"马步"上场，将人物定位于青年时代。双手在身体两旁前后挥舞长裙，以360°角甩出的弧线展示激情及火红的年代。动作幅度之大、场面调度之快展现出当代蒙古族女性的精神面貌。

《马头琴声》

以一个青年对马头琴的追寻和热爱,表现了蒙古族与马头琴世代相伴的关系。世界上也许没有一件乐器像马头琴一样与一个民族形影相随,共同记录这个民族的喜怒哀乐,并以优美的乐句展示它独特的艺术风格。舞者用肢体语言讲述了马头琴与蒙古民族的情结,使人们在欣赏作品的同时,感受其独特的魅力。

《搏克雄风》

群舞《搏克雄风》在民间"摔跤舞"基础上，融入现代青年的特性，使作品以更加阳刚和带着一丝调皮的生活气息，展示了当代搏克手的文化特性。个性鲜明、动作率真。将原始动作更加艺术化，表现形式多样化。

《敖特尔风情》

《敖特尔风情》以东部地区充满情趣的乡间音画再现了民间生活中最简单却又最生动的民俗与风情。一组舞者双手于身后交叉并相互携手,以"吸腿小跳步"在身体前倾的姿态下行进在由人群围绕而成的民间大舞台上,俨然一幅恬淡而又诙谐热闹的生活画卷。

《舞博人》

表现了蒙古族原始宗教萨满教的舞蹈形态和舞博过程。蒙古族原始宗教萨满教"行博"时所跳的舞蹈被称为博舞。领舞在跳跃、抛鼓、敲鼓、旋转中进入癫狂状态，表示与神有了对话并得到了神灵保佑。整个舞博过程再现了民间宗教舞蹈的传统仪式和古朴的表现形态。

《布里亚特情韵》

表现了布里亚特蒙古族民间的文化生活。舞蹈边舞边唱。以"跺步"为基本步法，一人领唱，众人和声。在跺与踏的节奏中带着古老的民风走来，吸引着人们的心为之而动。

《巴林蒙古女性》

表现了不同地区蒙古族女性独特的生活方式及其文化特点。舞者前后悠手,步态从容,是生活状态的艺术再现。脚下始终一步一顿,身体平稳。舞蹈不夸张、不煽情,体现了蒙古族女性朴实无华的特质。

《盛装》

作品以民间舞蹈"萨吾尔登舞"为元素，以身着盛装的仪表姿态为特色，再现了卫拉特蒙古族妇女的传统礼仪及民族文化。舞蹈阵容庞大，队形转换迅速。在动作快速衔接中舞蹈队形如惊涛骇浪扑面而来又转瞬逝去，以目不暇接的吸引与紧紧地追随达到收放自如的舞台效果。作品生动大气、婉约流畅，再现了蒙古贵族女性高贵典雅的文化气息。

《安代舞》

蒙古族民间舞蹈中最具代表性的舞种之一。在民间传统的安代舞蹈中包含萨满教、传统医学、民间舞蹈、音乐、说唱等古老的文化与形式。主要流传于内蒙古科尔沁地区。安代舞的基本动作为甩绸、绕绸、摆绸等上肢动作和踩踏、蹲跳、前踩步、后踏步、吸腿小跳步等脚下动作。其艺术特色在安代艺人的传承中得以保留。

《草原酒歌》

以男性顶碗为表现形式，展现了蒙古族的酒文化。蒙古族顶碗舞初期由男性舞蹈。起源于人们相聚之时，酒足饭饱之后，在意犹未尽中唱起酒歌，仍不尽兴遂头顶银碗围着饭桌小范围舞蹈起来。风格与女性"顶碗舞"基本一致，但动作截然不同。在旋转、抖肩、甩手中，以"马步"与"摇篮步"贯穿始终，并在快速蹲起的同时以摇摆的步态表现出醉意的情态，使酣畅淋漓的酒后动感在顶碗舞蹈的韵律中彰显出艺术魅力，突出了酒文化与生活的关系和男性在顶碗舞蹈中展现出的豪爽与气势。

蒙古族舞蹈家

在漫长的历史岁月中，蒙古族舞蹈艺术家们把对社会生活的感悟与民族文化及其信仰与追求，通过艺术手段加以再现，记录并见证了蒙古民族文化的繁荣发展。从1946年起，蒙古族的创作舞蹈登上艺术舞台，在舞蹈家贾作光、斯琴塔日哈等艺术家们的创作与表演中，民族民间舞蹈从自娱自乐的民间活动中脱颖而出，成为有内容、有画面、有节奏与伴奏、有统一服饰的艺术作品，逐渐成为人们喜闻乐见并具有一定审美意义的文化产品。舞蹈家们也在艺术作品中呈现出个人的艺术特色与魅力，为蒙古族舞蹈艺术体现民族文化与社会生活做出了贡献。

斯琴塔日哈（1932—）

蒙古族，国家一级演员。历任内蒙古歌舞团演员、教员、副团长。曾担任《鄂尔多斯舞》《挤奶员舞》《盅碗舞》及小舞剧《猎人与金丝鸟》等舞蹈的领舞与主演，创作并演出独舞《心中的歌》。在蒙古族舞蹈教学中编创多个少数民族舞蹈组合，为民族民间舞蹈教学及其传承与发展做出了贡献。著作有《蒙古舞基本课教程》（合著）。

查干朝鲁（1936—）

蒙古族，国家一级演员。历任内蒙古歌舞团领舞、独舞、教员、编导。自编自演的独舞《驯马手》，以阳刚、矫健与潇洒著称。《驯马手》因他的表演成为不可复制的艺术形象，奠定了蒙古族男性舞蹈的艺术风格和特色。在《筷子舞》《马刀舞》《摔跤舞》等作品中担任领舞，舞剧《乌兰堡》中担任男主角。创作舞蹈《土尔扈特姑娘》等，在大型舞剧《白色源流》中任总编导，为蒙古族舞蹈艺术做出突出贡献。

莫德格玛（1941—）

蒙古族，国家一级演员，享受国务院特殊津贴。1962年调入东方歌舞团任独舞演员、编导。在大型歌舞音乐舞蹈史诗《东方红》中担任蒙古舞蹈领舞，代表作有《盅碗舞》《单鼓舞》等。1962年，她的《盅碗舞》在世界青年与学生和平友谊联欢会上获得金奖。著作有《蒙古舞蹈美学概论》《蒙古舞蹈部位法》等。

杨大宝（1944—2001）

蒙古族，国家一级舞蹈编导。曾任内蒙古鄂尔多斯市歌舞团舞蹈编导、团长，1969年调入内蒙古军区文工团任舞蹈编导。创作舞蹈《打拉根巴雅尔》《飞鬃马》《盘羊》等10余部舞蹈作品。其中《打拉根巴雅尔》收入舞台艺术片《彩虹》中。著作有《谈创作和发展及对蒙古族舞蹈的认识》《浅谈蒙古舞圆韵动律的发展》等。

敖德木勒（1945—）

蒙古族，国家一级演员。曾为内蒙古艺术学校舞蹈教员、内蒙古自治区直属乌兰牧骑舞蹈演员、内蒙古歌舞团舞蹈演员。代表作品有独舞《喜悦》《鼓舞》《云》等。以清新、流畅和细腻的表演风格著称，在国内外演出中获得很高声誉。

第四章 当代蒙古族绘画

最早的古代蒙古绘画艺术是游牧人的岩画，大多是民间画家所为，反映了当时人们的生产和劳动的形象。元代，蒙古族出现了一批知名画家，如宫廷画家和礼霍孙，曾画过成吉思汗和窝阔台等祖宗的肖像。蒙古族的绘画艺术还表现在壁画上，如美岱召、大召、五当召、乌素图召等都有大型的壁画。近代的著名蒙古族画家松年，造诣颇深。现当代成长起来一批蒙古族画家，他们创作了大量的作品，成为我国绘画艺术的一支重要力量。

本章从油画、中国画、版画和水彩画四个画派，展示了为蒙古族美术奠定基础和做出杰出贡献的老一辈艺术家和当代活跃在内蒙古的蒙古族美术家们的作品。蒙古族油画以草原文化为主题，以自然、朴实、豪放的草原特色闯进了中国油画艺坛，从而独树一帜，被誉为"草原画派"。蒙古族中国画从最初简单质朴的以叙事为主的绘画风格过渡到以描绘草原风情为主的充满抒情的艺术风格。蒙古族版画以鲜明的民族和地域特点，受到了版画界人士和观众的广泛赞誉及认可。蒙古族水彩画以蒙古草原文化模式丰富了中国水彩画。

新的时代给蒙古族美术提供了广阔空间。蒙古族美术家们创作出具有时代精神和民族特色的美术作品，蒙古族美术出现了繁荣的局面，创作技巧和风格多种多样，具有浓郁的蒙古民族特色，在国内美术界占有一席之地。

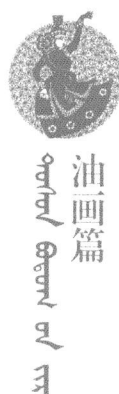

油画篇

在艺术发展的长河中，画家群体在共同的风土人情、地理环境、文化传承、社会背景及艺术追求上大多相互影响相互促进，因而形成一种地域性的绘画风格。

蒙古族油画以游牧文化为主题，以自然、朴实、真诚和热烈的草原气息闯进了中国油画艺坛，并独树一帜，被誉为"草原画派"。妥木斯是草原画派的奠基人，他把蒙古族油画水平推到了一个前所未有的高度。正是妥木斯的卓越成就和极力推动，涌现出一批又一批优秀的蒙古族油画家。其代表作品有：妥木斯的《长嘶》、满达的《社里的女兽医》、敖恩的《新牧人》、哈斯乌拉的《吉祥蒙古系列之四》、那顺猛和的《蒙古勇士》等。

《长嘶》妥木斯

《社里的女兽医》满达

《新牧人》敖恩
160cm×160cm
2011年

《春游系列之六》胡沙金

《人马系列——季风》阿斯巴根
130cm×130cm
2016年

《公社》伊德尔
146cm×114cm
1993年

第四章 当代蒙古族绘画

《布里亚特妇女系列——等》
王都一乐
180cm×130cm

《布里亚特故事之五》包双梅
150cm×165cm
2016年

《查玛——八月的前奏》巴图
50cm×60cm
2016年

《此岸的冰河》
乌吉斯古楞
180cm×150cm
2014年

《达尔罕的牧民》包胡其图
180cm×160cm
2012年

《吉祥蒙古系列之四》哈斯乌拉
180cm×180cm
2015年

《科尔沁的霞光》
白音吉力根
165cm×136cm
2015年

《蒙古勇士》那顺猛和
240cm×210cm
2009年

《蒙古韵》柯喜格巴图
116cm×89cm
2003年

《牧村达尔罕》满达
150cm×130cm

《那达慕系列之三》文胜
130cm×80cm
2009年

《漂浮的云》
包都荣
140cm×150cm
（2008年）

《天石系列之残阳》
都仁毕力格
180cm×130cm
2016年

《无尽的黄昏》胡日查
150cm×180cm
2016年

《驯马系列——岁月》铁钢
120cm×120cm
2017年

中国画篇

中国画艺术是我国文化宝库中的一颗璀璨明珠，在其发展过程中，经过一代又一代艺术家的探索和奋斗，形成了自己的民族风格，在世界艺术之林中独树一帜。

蒙古族地区中国画自诞生以来，在刘大伟、齐巴雅尔、郑剑、张俊德、程旭光、周荣生等美术家的不懈努力之下，以其独具特色的民族风情受到了人们的关注。从最初简单质朴的以叙事为主的绘画风格过渡到以描绘草原风情为主的充满抒情的艺术风格，如今有一大批中青年画家脱颖而出。其代表作品有：齐巴雅尔的《戴月归》、呼和夫的《吉祥草原》、乌力吉图的《大兴安岭》等。

《戴月归》齐巴雅尔

《吉祥草原》呼和夫

《大兴安岭》乌力吉图

《成吉思汗》思沁
90cm×160cm
1987年

《永恒》哈斯朝鲁

《萨满》海日汗

《酒歌》鲍凤林
166cm×189cm
2013年

《吉祥菩萨》吴苏荣贵
120cm×140cm
2008年

《蒙古妇女》苏茹娅
185cm×210cm 2012年

《民族风》金凤
38cm×38cm
2016年

《天边》敖宝林
200cm×200cm
2017年

《天边》白嘎力
161cm×203cm
2014年

《原上群鹰》 格日乐图
193cm×160cm　2017年

蒙古族版画艺术发展史中不得不提哲里木版画。哲里木版画在照日格图、萨因章、杰仁太等老一辈艺术家的共同努力下，取得了显著的成就。特别是20世纪80年代，蒙古族版画以鲜明的民族特色与地方特点，受到了版画界人士和观众的广泛赞誉和认可，其作品表达了人性的刚毅与自然原始的和谐之美。然而，在艺术多元化的今天，哲里木版画因创作观念守旧、创作手法单一、创作题材狭隘，使其在表现文化特征和时代精神方面与当代版画存在一定的差距，学院版画的兴起正好弥补了这一点。特别是近20年，随着中国经济的发展，教育制度的深化改革，美术院校有了新的快速发展和长足的进步。

第四章 当代蒙古族绘画

《兴旺的标志》照日格图

《草原之夜》纳日松
80cm×65cm
1999年

《接生员同志到了》布和朝鲁

《草原晨曲》格日乐图
63cm×35cm
1981年

第四章 当代蒙古族绘画

《巴丹吉林》苏和

《有来无回》敖特根巴特尔

《圣山之颂》乌恩琪
138cm×38cm
2014年

《圣湖——境》山丹
90cm×70cm
2008年

《吉祥》乌兰巴拉
64.5cm×85cm 2016年

《祭敖包》安广有
60cm×82cm 2013年

《霞归》包丰华
74cm×24.5cm
1981年

《草原人家》德力格仁贵
65cm×51cm
2016年

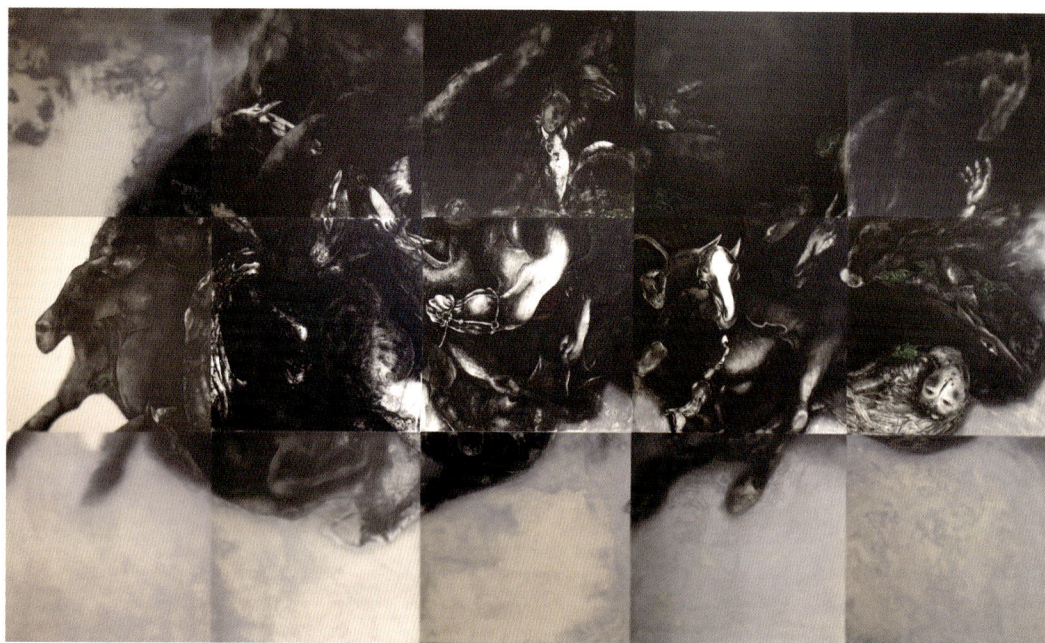

《草原与马》
图布其其格
300cm×180cm
2016年

《回望草原》
宝玉荣
90cm×46cm
2017年

《蒙古族头饰》佟金凤
150cm×150cm
2007年

《守望系列》包岚
60cm×70cm
2014年

《听见草原——风声》胡日查
78cm×78cm
2014年

《静静的霍林河》金宝军
109×92cm
2016年

《家园——斑马线》乌兰图雅
50cm×50cm
2012年

《图雅额吉的羊之二》拉喜萨布哈
36cm×40cm
2013年

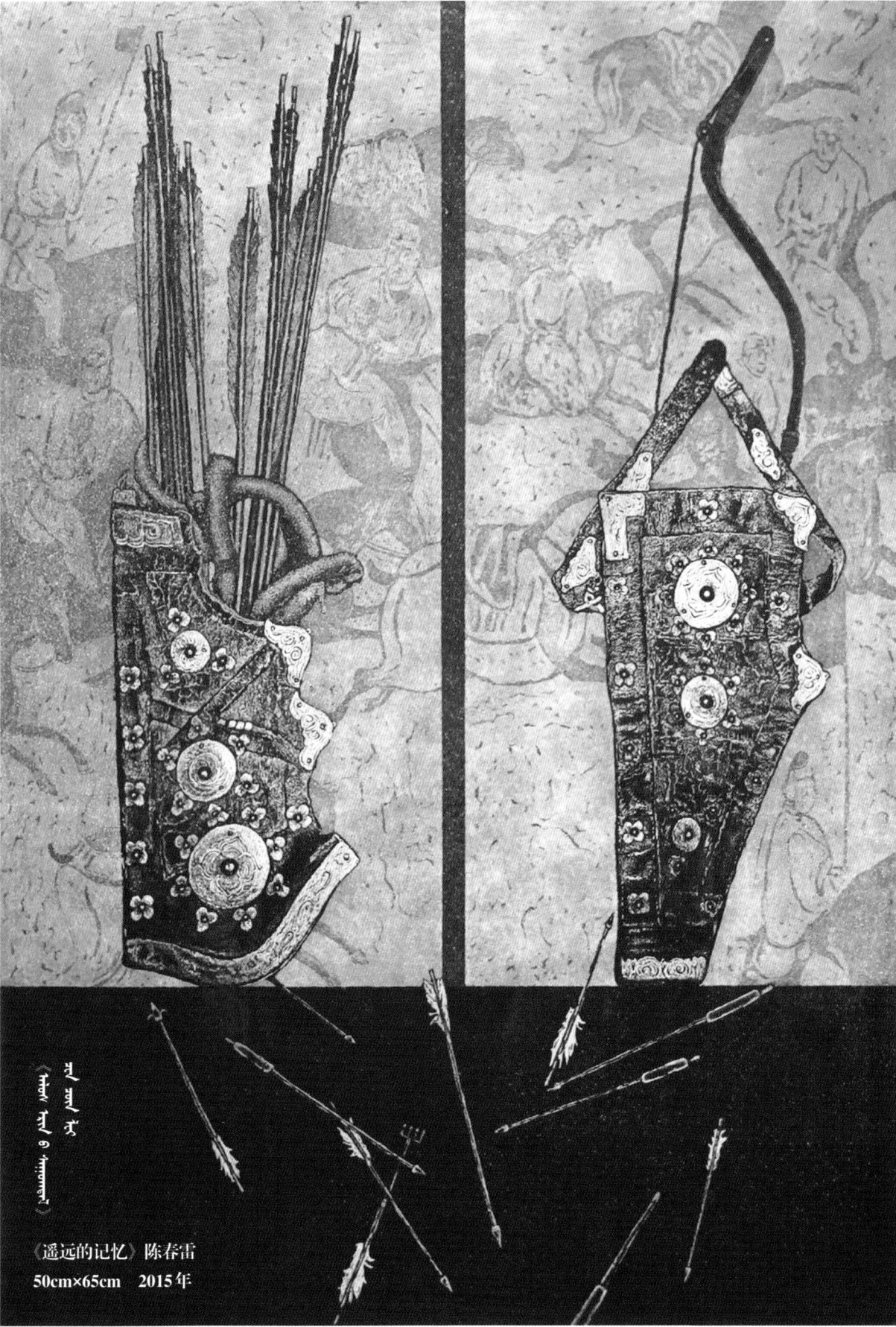

《遥远的记忆》陈春雷
50cm×65cm 2015年

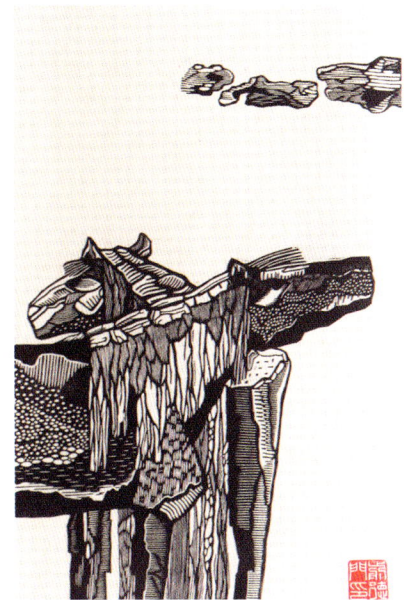

《印象草原》组图 前德门
95cm×100cm
2016年

水彩画篇

水彩画作为外来画种，被内蒙古地区水彩画作者认识并接受，迅速发展，仅仅用了50年。蒙古族水彩画在云希望、张忠、奥迪等学院美术家的共同努力下，利用地域文化等因素，大胆尝试各种表现形式，丰富了中国水彩画。同时，培养了一批又一批优秀的青年水彩画家。然而，蒙古族水彩画尚处于初级发展阶段，还需不断努力。

《高原牧歌》 云希望
86cm×54cm 1996年

《听风者之九》 长海
94cm×145cm 2016年

《冬归》苏雅拉其其格
2014年

217 第四章 当代蒙古族绘画

《阳光草原》
张曙光
76cm×54cm
2016年

《巴尔虎初冬》
包宝玉
75cm×55cm
2016年

《根系列——20》
白长青
75cm×55cm
2014年

《特木尔阿布》 云宇峰
120cm×95cm
2016年

《斜阳》胡日查
76cm×76cm
2009年

《状态》长青
120cm×60cm
2015年

第五章 蒙古族影视

蒙古族影视是我国少数民族影视的重要组成部分。广义地说，凡是影视剧中表现的内容为蒙古族题材的，就属于蒙古族影视的范畴。蒙古族电影和电视剧作为蒙古族影视发展的两个重要的分支，已走过了75年的历程。1942年，新华电影公司拍摄了电影《塞上风云》，这是第一部蒙古族题材电影。1977年，内蒙古电视台拍摄了电视剧《小活佛》，它是第一部蒙古族电视剧，同时也是中国第一部少数民族电视剧。从1942年到2017年，蒙古族电影共经历了四个时期的发展，共拍摄了80余部影片，产生了《草原晨曲》《草原上的人们》《成吉思汗》《东归英雄传》《悲情布鲁克》等多部代表性影片。其中，不乏具有理论价值的探索性影片，如《索密娅的抉择》《故乡》等。另外，也有几部有开创意义的儿童片，如《草原英雄小姐妹》（美术片）、《寻找那达慕》《乌珠穆沁的孩子》等。在1977年至2017年间，蒙古族电视剧的发展也经历了40个春秋。自1958年开始，中国电视剧经历了起步阶段和停滞期，于1976年迎来了复苏的春天，拍摄了多部脍炙人口的蒙古族题材电视剧，例如，20世纪80年代拍摄有"姊妹三部曲"、《迎亲马队》《独贵龙》等，20世纪90年代拍摄有《遥远的驿站》《乌兰夫》等，21世纪之后的《最后一个猎人》《静静的艾敏河》《成吉思汗》《嘎达梅林》《鄂尔多斯婚礼》《忽必烈》等。

走过75年历程的蒙古族题材影视剧创作取得了丰硕的成果，获得了"飞天奖""金鸡奖""五个一工程奖"、少数民族"骏马奖"、艺术创作"萨日纳奖"等重要奖项，在世界影视剧领域获得了良好口碑。在几十年的顽强拼搏中，蒙古族影视界形成了一支阵容强大、实力雄厚的影视创作队伍，涵盖理论研究、导演、编剧、演员、摄影、剪辑、化妆、服装等各个门类，成为国内影视界强大的影视军团。

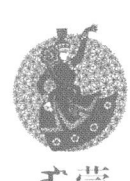

蒙古族电影

蒙古族电影经历了四个时期的发展。1957—1987年为第一个时期，根据作家玛拉沁夫的长篇小说改编的电影《草原上的人们》，是第一部由蒙古族担任编剧的电影。这个时期的电影还有《阿丽玛》《成吉思汗》等。1987—2000年为第二个时期，是蒙古族电影的繁荣期，塞夫和麦丽丝做出了卓越的贡献。《东归英雄传》《悲情布鲁克》《一代天骄成吉思汗》均是这一时期的影片。2000年至2013年为第三个时期，这个时期的电影有《成吉思汗的水站》《额吉》等影片。2014年之后为第四个时期，一些专业院校毕业的导演为蒙古族电影开创了一个学院派电影的新时代，电影有《母语课》《嘎达梅林》等影片。在蒙古族电影的发展中，先后涌现了一批导演、编剧、摄影、美术、剪辑等人才。蒙古族电影从萌芽、繁荣到成熟，再到与世界电影对话，可谓是完成了一次成年礼。

《草原上的人们》(1953年)

导演：徐韬

编剧：海默、玛拉沁夫、特·达木林

主要演员：乌日娜、恩和森、朝鲁、树海

影片根据玛拉沁夫的同名小说改编，是一部反映内蒙古建设的作品。讲述了20世纪50年代内蒙古草原上的牧民与特务殊死斗争，并取得胜利的故事。本片曾荣获文化部"优秀故事片奖"三等奖、全国首届少数民族题材电影"腾龙奖"纪念奖。本片主题曲《草原晨曲》及插曲《敖包相会》和《草原牧歌》至今被广泛传唱。

《草原晨曲》（1959年）

　　导演：朱文顺、珠兰其其格

　　编剧：玛拉沁夫、珠兰其其格

　　主要演员：恩和森、朝鲁、潘莹、张巨光

　　影片通过牧民呼和一家人的悲欢离合，反映了包头钢铁基地和白云鄂博矿区20年的生活变迁，讲述了在党的领导下，草原牧民成为新中国第一代钢铁工人的故事。该片曾荣获1994年成都全国少数民族题材电影"腾龙奖"纪念奖。

《草原英雄小姐妹》(1965年)

导演：钱运达、唐澄

编剧：何玉门、胡同伦

该动画片由上海美术电影制片厂于1965年12月制作完成。剧本原名《草原红花》，根据内蒙古乌兰察布市达茂联合旗两位蒙古族小姑娘龙梅和玉荣冒着风雪、抢救公社羊群的真实事迹改编。

《阿丽玛》（1980年）

　　导演：葛根塔娜、张伦

　　编剧：云照光

　　主要演员：萨仁高娃、斯琴高娃、其那日图、陈达

　　剧本于1981年获全国少数民族文学创作"骏马奖"。内蒙古自治区第一部彩色故事片。讲述了蒙古族姑娘阿丽玛受党的委托从延安来到内蒙古草原，护送一批地下工作者安全渡过黄河的故事。

《猎场札撒》（1985年）

导演：田壮壮

编剧：江浩

主要演员：敖特巴雅尔、拉西、巴彦尔图、道尔基

影片是中国第一部彩色宽银幕故事片，讲述了由猎场准则而引发的一系列故事。影片以独特的视角，讲述了草原上的牧人们仍以祖先的训谕规则，去维系草原上的人与人之间的关系，揭示了这个古老的民族在草原上生生不息地生存和繁衍的原因。

《成吉思汗》(1986年)

导演：詹相持

编剧：朝格图那仁、詹相持、苏赫巴鲁、琴子

主要演员：德力格尔、斯琴高娃、恩和森、萨仁高娃

影片讲述了铁木真从出生到征服蒙古各部，于1206年结束了草原几百年来的战乱，一统蒙古草原，建立了大蒙古国，荣登成吉思汗宝座的过程。该片于1987年获内蒙古自治区第二届艺术创作"萨日纳奖"一等奖。

《东归英雄传》(1993年)

导演：塞夫、麦丽丝

编剧：赵玉衡、塞夫、于承惠

主要演员：巴森、哈斯高娃、叶晖、巴雅尔图

18世纪中叶，从中国迁徙到伏尔加河下游生活了近200年的蒙古土尔扈特部族，由于不堪忍受沙俄叶卡捷琳娜王朝的种族灭绝政策，由其首领渥巴锡汗率领部族20万人东归故土，回到了祖国的怀抱。该片获得的奖项有中国广播电影电视部"优秀故事片奖"、全国第三届精神文明建设"五个一工程奖"、第十四届中国电影"金鸡奖"评委会特别奖等。

《黑骏马》（1995年）

导演：谢飞

编剧：张承志

主要演员：道勒格尔苏荣（蒙古）、娜仁花、腾格尔

影片改编自当代作家张承志的同名小说。讲述了主人公白音宝力格与养育他的奶奶及青梅竹马的索米娅之间的情感故事。该片获第六届上海影评人奖"十佳影片"奖、第五届圣彼得堡国际电影节组委会特别奖、第三届北京大学生电影节评委会特别奖。

《悲情布鲁克》（1996年）

导演：塞夫、麦丽丝

编剧：柳城

主要演员：董娉、巴音、其那日图、涂们

九一八事变后，日本侵略者为了扩大侵华战争，与布鲁克草原的王爷勾结在一起，抢占草原，掠杀牲畜，激起了草原英雄车凌等人的愤怒。他们组织起来与践踏草原故乡的侵略者进行了一场殊死搏斗。影片获西班牙国际电影节组委会特别奖、内蒙古自治区第五届艺术创作"萨日纳奖"。

《一代天骄成吉思汗》（1997年）

导演：塞夫、麦丽丝

编剧：冉平

主要演员：艾丽娅、涂们

影片根据冉平的小说《北方草原》改编。是一部大气磅礴的史诗巨片，也是中国第一部用蒙古语同期拍摄的少数民族题材的电影。影片主要讲述了铁木真放弃私人恩怨，心怀江山社稷的人格转变，展示了曾经统一中原乃至征服欧洲的历史人物辉煌灿烂的一生。1997年，获"华表奖"优秀故事片奖和美国费城国际电影节金奖等。

《珠拉的故事》（2000年）

编剧：路远

导演：哈斯朝鲁

主要演员：哈斯高娃、涂们

影片讲述了为妻子和儿子复仇的牧民嘎拉，在寻找真凶的过程中，与独自带着儿子艰难生活的珠拉产生爱情的故事。

《遥远的毡房》（2002年）

导演：东涛、哈·达木丁

编剧：阿尔毕吉胡、策·纳楚克道尔吉

主要演员：艾丽娅、巴萨尔嘎其

本片讲述了1945年抗日战争时期，蒙古国士兵米西格和中国的巴德玛之间凄美的爱情故事。被巴德玛相救的米西格随军回到蒙古国，40年音信全无。后来，就在两位老人就要相见之时，米西格却没有等到这一刻就离开了人世。从此，在茫茫草原上，流传着一首忠贞不渝的爱情悲歌。

《季风中的马》(2003年)

导演：宁才
编剧：宁才
主要演员：宁才、娜仁花、海泉

影片讲述了因草原连年沙化、牧民不得不退出草场迁往城镇的故事，深度再现了草原生态恶化给牧民们带来的痛苦与无奈，是夏威夷国际电影节上众多参评影片中唯一一部获得亚洲电影大奖的影片。

《赛音玛吉克的儿子》（2004年）

导演：周玉鹏

编剧：卓·格赫

主要演员：巴森、萨仁高娃、额尔登德术、青格勒

影片讲述了年迈的赛音玛吉克和老伴儿穿越戈壁去航天城祭拜儿子的故事。本片在剧作结构上颇具特色。

《尼玛家的女人们》（2007年）

导演：卓·格赫

编剧：卓·格赫、卓·波德丽娅

主要演员：红梅、娜拉、格日勒、哈斯巴特尔

为了给母亲庆祝寿辰，德乐赫依和南斯勒玛都虚构了属于自己的"喜事"，当真相终于掩盖不住的时候，她们才意识到伤了母亲的心。母亲的寿辰如期举行，毡包里传来欢快的鄂尔多斯民歌，尼玛家的女人们流下了慨叹命运的泪水……

《成吉思汗的水站》（2009年）

导演：卓·格赫

编剧：卓·格赫、卓·波德丽娅

主要演员：阿云嘎、山丹

影片讲述了从小结拜的安达敖特根和阿尤尔，长大后一位成了成吉思汗水站的守护者，而另一位成了歌舞厅老板的故事，后来二人因开发成吉思汗水站的问题而决裂。

《阿尔巴特》（2012年）

导演：查格德尔苏荣、照勒巴雅尔

编剧：额尔登

主要演员：巴森、苏苏日布日玛、江布拉等

影片以13世纪的蒙古高原为背景，以"阿尔巴特"（蒙古语，汉意为"十户"）的一次行动为线索，讲述了一个关于爱、忠诚、信念与誓言的故事。影片塑造了10位蒙古勇士的形象，虽然他们都是平凡的人，但是对信念的忠诚、对生命的热爱，使他们生死与共，不离不弃，突出表现了游牧文化的精神内涵与"恪守信义、崇尚自然"的人文主义精神。

《德吉德》（2014年）

　　导演：卓·格赫

　　编剧：卓·格赫、波德丽娅

　　主要演员：娜仁吉如嘎、司钦朝克图

　　该片兼有纪录片和剧情片的双重特点。影片通过新闻采访者的视角，讲述了生活在草原上的德吉德一家人面对雪灾时不怕困难的感人故事。本片被选为第三届北京国际电影节民族电影展特别推荐影片；荣获第二届中国少数民族影视剧本一等奖；2015年，荣获罗马电影节亚洲单元最佳影片奖。

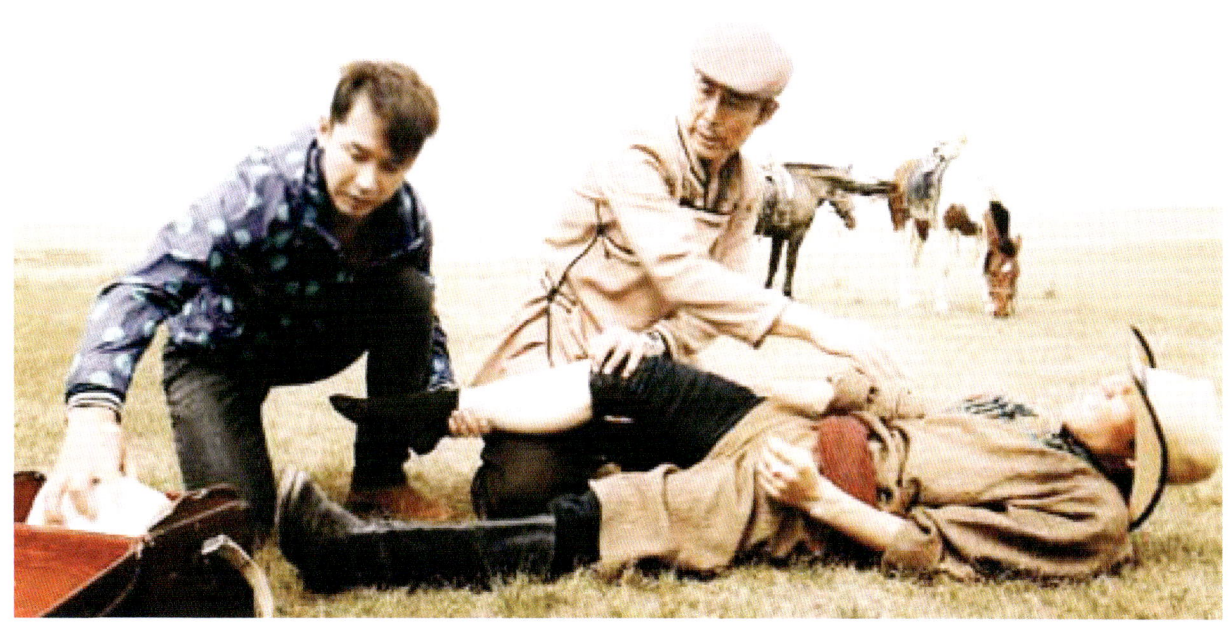

《第七种味道》（2014年）

导演：冯亚平

编剧：冯军胜

主要演员：其那日图、萨仁高娃、阿穆隆、乌兰琪琪格

本片是一部表现蒙医药文化的电影，讲述了医学院毕业生浩日瓦来到草原诊所向赤脚医生温都尔学习医术的故事。影片荣获第十五届罗马亚洲国际电影节最佳影片奖、第五届印度独立电影节最佳摄影奖。

《诺日吉玛》(2015年)

导演：巴音额日勒

编剧：巴音额日勒

主要演员：巴德玛、都古尔苏荣、孟根额尔登、涂们、宝音贺希格、塔娜

影片以哈拉河战役为背景，表现了善良的诺日吉玛对恋人坚贞不渝的等待和对异国士兵的友谊，同时从侧面反映了战争带给女人的伤害。本片除了女主角获得的6个奖项之外，还获得了第三十届中国电影"金鸡奖"最佳中小成本故事片奖、第三十三届伊朗国际电影节最佳影片奖、俄罗斯外贝加尔国际电影节评委会特别奖等多个奖项。

《狼图腾》(2015年)

  导演：让·雅克·阿诺

  编剧：让·雅克·阿诺、约翰·科里、芦苇

  主要演员：冯绍峰、巴森、昂哈尼玛

  影片根据姜戎同名小说改编，耗时6年拍摄完成。讲述了到内蒙古草原插队的北京知青和毕力格老人一家及狼之间发生的故事。

恩和森（1925—1989）

蒙古族，内蒙古自治区巴林右旗人。国家一级演员，曾任中国电影家协会理事、内蒙古电影家协会副主席、中国电影表演艺术家学会理事等职。曾出演《草原上的人们》《蒙根花》《阿丽玛》《沙漠的春天》《成吉思汗》《骑士的荣誉》《马可·波罗》等影片。1987年荣获第一届中国电影表演艺术学会奖。

云照光（1929—）

又名乌勒朝克图。蒙古族，内蒙古自治区土默特旗人。国家一级编剧。主要作品有《云照光小说散文集》《云照光电影文学剧本集》《云照光文艺理论集》等。电影编剧作品有《鄂尔多斯风暴》《母亲湖》等。1981年，电影文学剧本《阿丽玛》获首届全国少数民族文学创作"骏马奖"，2009年荣获内蒙古自治区颁发的内蒙古自治区文学艺术杰出贡献奖。

葛根塔娜（1935—）

蒙古族，黑龙江省肇源县人。1979年被任命为内蒙古电影制片厂第一任厂长。1980年，葛根塔娜导演了内蒙古电影制片厂独立拍摄的第一部彩色故事片《阿丽玛》，填补了内蒙古本土彩色故事片的空白。1983年，导演了彩色故事片《绿野晨星》。出演并导演的话剧作品有《五月的道路》《草原民兵》《霓虹灯下的哨兵》等。

莫·那音太（1942—）

蒙古族，内蒙古自治区察哈尔右翼后旗人。国家一级电影美术师、中国电影美术学会理事、中国电影学会会员。曾在《母亲湖》《成吉思汗》《东归英雄传》等30余部影片中担任美术师。在《青年乌兰夫》《我的鄂尔多斯》《达纳巴拉》等300余集电视剧中任总美术师、服装设计师。

斯琴高娃（1949—）

蒙古族，内蒙古自治区宁城县人。中国内地著名表演艺术家。主要电影作品有《归心似箭》《骆驼祥子》等。主要电视剧作品有《党员二愣妈》等。凭借《骆驼祥子》荣获大众电影"金鸡奖""百花奖"最佳女主角奖，《似水流年》获第四届香港电影金像奖最佳女主角奖，《香魂女》获第三十三届芝加哥国际电影节最佳女主角奖等。

宝音达来（1949—）

蒙古族，内蒙古自治区克什克腾旗人。国家一级导演，蒙古语电视剧奠基人之一，全国"骏马奖"蝉联四届获奖者，内蒙古文学艺术"萨日纳奖"六连冠获得者，国际蒙古学研究会研究员，蒙古国艺术学荣誉博士。电视剧作品有《驼峰山》《遥远的特尔戈勒》等。

卓·格赫（1953—）

蒙古族，内蒙古自治区阿拉善人。内蒙古电影制片厂导演、编剧。导演并编剧的电影代表作品有《成吉思汗的水站》《德吉德》等。编剧的电影代表作品有《故乡》《母亲的飞机场》等。《德吉德》荣获第二届中国少数民族影视剧本一等奖，2015年罗马电影节亚洲单元最佳影片奖。

塞夫（1953—2005）

蒙古族，内蒙古自治区呼和浩特市人。国内著名导演、编剧，国家一级导演。曾担任中国电影家协会副主席，内蒙古自治区电影家协会主席、内蒙古电影制片厂党委书记、厂长。导演并编剧的影片有《东归英雄传》《一代天骄成吉思汗》等。电视剧作品有《东归英雄》等。

巴森（1954— ）

蒙古族，新疆维吾尔自治区博尔塔拉蒙古自治州人，成吉思汗次子察合台后裔。国家一级演员。主要电影作品有《东归英雄传》《一代天骄成吉思汗》等。主要电视剧作品有《成吉思汗》《忽必烈》等。2012年，因在电影《阿尔巴特》中饰十户长，荣获蒙古国前总统查希亚·额勒贝格道尔吉亲自颁发的"北极星"勋章，他是中国获此荣誉的第一人。

麦丽丝（1956— ）

蒙古族，内蒙古自治区呼和浩特市人。国家一级导演，中国电影家协会民族电影委员会副主席，内蒙古电影家协会名誉主席。导演的影片有《东归英雄传》《一代天骄成吉思汗》等。电视剧作品有《东归英雄》等。曾荣获第十八届中国电影金鸡奖最佳导演、第四届中国长春电影节金鹿奖最佳导演、第八届中国电影华表奖优秀导演、全国精神文明建设"五个一工程奖"等。

其·那日图（1960—）

蒙古族，内蒙古自治区呼伦贝尔人。中国电影家协会会员，内蒙古电影家协会理事，国家一级演员。出演的电影作品有《阿丽玛》《悲情布鲁克》等。曾在《静静的艾敏河》《我的鄂尔多斯》等电视剧中出演角色。2014年凭借《第七种味道》中温都尔医生的角色入围上海国际电影节最佳男演员奖。

查格德尔苏荣（1962—）

蒙古族，内蒙古自治区鄂尔多斯人。现任内蒙古电视台纪录影视发展中心副主任、导演。中国电视艺术家协会会员、内蒙古纪录片专业委员会副会长。他创作的几十部纪录片作品曾在国际、国内的评选中获奖。代表作品有纪录片《金色圣山》《成吉思汗祭奠》等；大型系列片有《中国蒙古人》等；系列节目有《走遍中国·鄂尔多斯》《草原丝绸之路》等。

娜仁花（1962—）

蒙古族，内蒙古自治区锡林浩特市人。中国内地女演员、导演、制作人。主要电影作品有《湘女萧萧》《黑骏马》等。主演的《天上草原》荣获第十二届上海影评人奖最佳女主角奖、第三届少数民族题材电影电视艺术"骏马奖"最佳女演员奖；2003年，主演的影片《季风中的马》荣获第二十五届夏威夷国际电影节亚洲电影大奖；2009年，主演电影《额吉》获得第十四届"华表奖"优秀女演员奖和第二十八届"金鸡奖"最佳女演员奖。

格日图（1963—）

蒙古族，内蒙古自治区呼和浩特人。新中国第一代蒙古族导演广布道尔基之子，国家一级摄影，内蒙古电影制片厂摄影师。曾担任《东归英雄传》《珠拉的故事》《额尔古纳河右岸》等30多部影片的摄影。1994年，因《东归英雄传》荣获第十四届中国电影"金鸡奖"最佳摄影奖，除电影作品外，还曾担任电视连续剧《成吉思汗》的摄影。

巴音额日勒（1963—）

蒙古族，内蒙古自治区乌审旗人。中国内地著名演员、导演。国家一级演员、中国戏剧家协会会员、中国电影家协会会员、内蒙古电影家协会副主席。导演的电影作品有《斯琴杭茹》《诺日吉玛》等；出演的电影作品有《成吉思汗》《悲情布鲁克》等。

宁才（1963—）

蒙古族，内蒙古自治区科尔沁右翼中旗人。国家一级导演，内蒙古民族剧团一级演员。导演的电影作品有《季风中的马》《额吉》《故乡》等；电视剧作品有《静静的艾敏河》《摔跤手》等。2002年，凭借出演《天上草原》获第十二届电影"金鸡奖"最佳男主角奖；导演作品《季风中的马》获第二十五届夏威夷国际电影节亚洲电影奖、全国精神文明建设"五个一工程奖"；导演作品《故乡》获第十届马德里国际电影节亚洲电影联盟最佳影片奖。

艾丽娅（1965—）

蒙古族，内蒙古自治区陈巴尔虎旗人。中国内地著名演员。出演的电影作品有《遥远的毡房》《一代天骄成吉思汗》等，还在《鄂尔多斯风暴》《中国远征军》等多部电视剧中扮演了重要角色。凭借在《二嫫》中的出色表演，荣获第一届中国电影"华表奖"最佳女主角奖、第十五届中国电影"金鸡奖"最佳女主角奖、第四届中国电影表演艺术学会"金凤凰奖"。

巴德玛（1965—）

蒙古族，内蒙古自治区乌审旗人。国家一级演员，中国电影家协会会员、内蒙古电影家协会理事。出演的影片有《斯琴杭茹》《诺日吉玛》等。2009年凭借主演的人物传记题材电影《斯琴杭茹》获得蒙古国电影家协会最佳女演员奖，凭借影片《诺日吉玛》获第三十届中国电影"金鸡奖"最佳女主角奖、第十二届喀山伊斯兰国际电影节最佳女主演奖。

哈斯朝鲁（1966—）

蒙古族，内蒙古自治区鄂托克旗人，国家一级导演兼制片人和编剧。现为内蒙古电影集团艺术总监，内蒙古电影家协会副主席，享受国务院特殊津贴。电影作品有《珠拉的故事》《长调》等；电视剧作品有《托起太阳的人》《北方大地》等。电影《长调》等连续四次获得全国"五个一工程"奖和四次蝉联上海国际电影节传媒大奖。

蒙古族电视剧

国内的民族题材电视剧已走过了近40年的历程，而蒙古族题材电视剧是其重要的组成部分。20世纪70年代拍摄的蒙古族题材电视剧有《小活佛》，20世纪80年代摄制的《驼峰山》等"姊妹三部曲"是一部由宝音达来导演的蒙古语电视剧。另外，《迎亲马队》《独贵龙》均是这个时期的作品。20世纪90年代有《遥远的驿站》《静静的艾敏河》《成吉思汗》等，使蒙古族题材电视剧迈上了一个新台阶。蒙古族题材电视剧创作取得了丰硕的成果。

蒙古族题材影视剧创作数量众多，而且质量上乘，佳作迭出。其中，获得中国电视剧"飞天奖"的有《成吉思汗》《嘎达梅林》等；获全国少数民族文学创作"骏马奖"的有《小活佛》《阿拉善亲王》等；获得中宣部"五个一工程奖"的有《遥远的驿站》《成吉思汗》等。

《驼峰山》（1986年）

编　剧：布仁特古斯
导　演：宝音达来
主要演员：江布拉、萨仁高娃、布仁夫、娜仁高娃

《驼峰山》一反传统式结构，没有运用戏剧冲突去结构全片，而是着重写情，从风情到人情，在风情的描写中塑造人物。此片在表现蒙古族牧民的文化心理和价值观念上有独到之处。与《遥远的特尔戈勒》和《沙柳和它的影子》并称为蒙古语电视剧"姊妹三部曲"。

《遥远的特尔戈勒》（1988年）

编 剧：斯楞、布仁吉日嘎拉
导 演：宝音达来、祈·松布尔
主要演员：萨仁高娃、桑宝

电视剧讲述了当代蒙古族牧民经受着生产、生活、思想观念、民族文化心理上的裂变，传统受到冲击，世界瞬息万变，在混乱的价值判断面前，人们产生的困惑。

《沙柳和它的影子》(1989年)

编 剧：斯仁朋斯格

导 演：宝音达来

主要演员：宁才、哈斯高娃、索丽忠

《沙柳和它的影子》是一个爱情悲剧故事，创作者通过沙柳树下发生的故事，折射了古老文明和现代文明的冲突、传统对人的束缚以及人性的扭曲。

《成吉思汗》（2000年）

导演：王文杰

编剧：俞智先、朱耀廷

主要演员：巴森扎布、萨仁高娃、赵恒煊

电视剧讲述了一代天骄成吉思汗波澜壮阔的一生。从铁木真出生到统一蒙古，直至西征、病逝，时间跨度长达80余年。《成吉思汗》荣获第二十五届中国电视剧"飞天奖"长篇电视剧三等奖、第十届全国精神文明建设"五个一工程奖"入选作品奖。

《静静的艾敏河》（2000年）

导演：宁才

编剧：杜奎、萨仁托娅等

主要演员：娜仁花、褚栓忠、尼格木图

根据萨仁托娅长篇小说《静静的艾敏河》改编。电视剧以我国20世纪60年代三年困难时期为时代背景，讲述了将3000名因饥饿挣扎在死亡线上的上海孤儿接到内蒙古，托付给牧民抚养的故事。作品表现了孤儿对给予他们生命和灵魂的内蒙古牧民的深情和感激。

《东归英雄传》(2008年)

导演：麦丽丝

编剧：赵玉衡

电视要演员：马景涛、宁静、斯琴高娃、斯琴格日勒

电视剧讲述的是在伏尔加河下游生活了近200年的蒙古土尔扈特部，由于不堪忍受俄罗斯帝国的种族灭绝政策，在其首领渥巴锡汗的率领下，历经数年准备，举部东归故土的传奇故事。2009年，《东归英雄传》荣获中国电视剧"飞天奖"长篇电视剧三等奖。

《嘎达梅林》（2009年）

导演：陈家林

编剧：朱苏进

主要演员：巴音额日勒、昂哈尼玛

20世纪30年代前后，蒙古族传奇英雄嘎达梅林为了保护草原与牧民，奋起反抗以"放垦"为名出卖草原的达尔罕王。最终他为了草原牧民的幸福生活，献出了年轻的生命。他的事迹也因此化为一首壮美动人的歌曲《嘎达梅林》而永世流传。作品荣获第二十八届中国电视剧"飞天奖"长篇电视剧二等奖、第二十六届中国电视"金鹰奖"电视剧提名奖。

《鄂尔多斯婚礼》（2013年）

　　导演：东涛

　　编剧：莫·哈斯巴根、吉格定

　　主要演员：江布拉、赛花、哈斯巴特尔、萨仁高娃、巴德玛

　　电视剧通过三户牧民家庭间发生的故事，全景式展现了蒙古族游牧文明以及鄂尔多斯婚礼文化的精髓。

《在草原上》(2017年)

总导演：巴音额日勒、朝格吉乐图

导演：哈斯额尔德尼

编剧：乌·斯日古楞、瑟·布和、色·额尔登其木格

主要演员：江布拉、宝日呼、阿拉木斯、敖特根图雅

电视剧通过草原上三家人三代人的生活、爱情、畜牧生产，讲述了牧民保护生态、科学养殖、勤劳致富、建设家园的故事。

《忽必烈》（2017年）

总导演：黄健中

编剧：葛健、克明、宋树新等

主要演员：巴森、苏日雅、甘其其格、巴音布日都

作品以历史正剧的形式，讲述了大元王朝的缔造者忽必烈波澜壮阔的一生。重点表现忽必烈对国家统一和人类文明进步所发挥的重要作用，详细描述了忽必烈从一个普通的王子到登上汗位，最终创建大元王朝，建立丰功伟绩的成长史。同时，也展现了13世纪蒙古民族先进的思想、政治、文化。电视剧实拍场景气势恢宏，蒙古族特点浓郁。

图片提供者

(按姓氏笔画排序)

《卜和克什克及其蒙文学会》
第37页
王捷
第129页
《中国民族民间器乐曲集成·内蒙古卷》(上、下)
第83页
第88页（右）
第90页（右）
第99页
第103页（右）
内蒙古传统音乐声像资源库
第63页
第64页
第65页
第66页
第67页
第68页
第69页（下）
第70页
第71页
第72页
第73页
第74页
第75页
第77页
第78页
第79页
第80页
第81页
第84页
第85页
第86页
第87页
第88页（左）
第89页
第90页（左）
第91页
第92页
第93页
第94页
第95页
第98页
第100页
第101页
第102页
第103页（左、中）
第105页
第106页
第107页
第108页
第109页
第110页
第111页
第113页
第114页
第115页

第117页
第118页
第119页
第120页
内蒙古草原文化发展基金会网站
第268页
乌兰
第16页（右）
第21页
第22页
第23页
第24页（上）
第25页
第26页
第27页
第28页
第29页
第30页
第31页
第121页
乌日斯嘎拉
第13页（上、下）
第14页（上、下）
第15页
第16页（左）
第17页
第18页
第19页
第23页（下）
第32页
第33页
第35页（下）
第40页（上、下）
第42页（下）
第43页（上、下）
第45页（上、下）
第46页（上、下）
第48页
第50页（上、下）
第52页
第53页
第54页
第55页
第56页
第58页
第59页
《巴·布林贝赫文存》
第44页
巴音额日勒
第244页
第254页（下）
第257页（上）
玉荣
第157页（上）
《玛拉沁夫文集》
第47页
第49页

《花的原野》
第51页
第57页
《克兴额：一个科尔沁蒙古人》
第36页
苏勒古雅
第69页（上）
第76页
第106页
第112页
第229页
第231页
第233页
第237页
第243页
第245页
第249页
第250页
第253页
第254页
第256页
第263页
李国成
第144页
第145页
第148页
第153页
沈文奎
第157页（下）
阿斯尔
第96页
第97页
其·那日图
第252页
季兰音
第156页（上）
宝音达来
第249页（下）
第259页
第260页
第261页
珊丹
第125页
第126页
第127页
第128页
第130页
第131页
第132页
第133页
第135页
第136页
第137页
第139页
第140页
第141页
第143页

第146页
第147页
第149页
第150页
第151页
第152页
第155页
胡日查
第161页
第162页
第163页
第164页
第165页
第166页
第167页
第168页
第169页
第170页
第171页
第172页
第173页
第174页
第175页
第176页
第177页
第178页
第179页
第181页
第182页
第183页
第184页
第185页
第186页
第187页
第188页
第189页
第190页
第191页
第192页
第193页
第195页
第196页
第197页
第198页
第199页
第200页
第201页
第202页
第203页
第204页
第205页
第206页
第207页
第208页
第209页
第210页
第211页

第212页
第213页
第215页
第216页
第217页
第218页
第219页
第220页
第221页
娜日娅
第225页
第226页
第227页
第228页
第230页
第232页
第234页
第235页
第236页
第238页
第239页
第240页
第242页
第246页
第247页
第248页（上）
第250页（上）
第250页（下）
第251页（上）
第251页（下）
第255页
第257页（下）
第262页
第264页
第265页
第266页
第267页
第268页
《敖德斯尔文集》
第41页
第42页
莫·那音太
第248页（下）
莫丽米
第241页
第252页（下）
斯日吉德玛
第156页（下）
普·朝克图那仁
第35页（上）
《赛春嘎作品》
第39页

后记

《蒙古族图典·艺术卷》以图文并茂的形式展示了蒙古族文化典型事例和独特概貌，典范性是其重要内涵。本卷主要包括蒙古族文学、蒙古族音乐、当代蒙古族舞蹈、当代蒙古族绘画和蒙古族影视五个方面的内容。

《蒙古族图典·艺术卷》内容庞杂，参与编写的作者较多。内蒙古大学教授、博士生导师乌日斯嘎拉，内蒙古财经大学副教授带兄博士（第一章：蒙古族文学）；内蒙古艺术学院教授、博士生导师杨玉成和吴国艳博士（第二章：蒙古族音乐）；内蒙古艺术研究所珊丹研究员（第三章：当代蒙古族舞蹈）；内蒙古艺术学院副教授胡日查博士（第四章：当代蒙古族绘画）；内蒙古师范大学青年政治学院副教授娜日娅博士（第五章：蒙古族影视）。以上七位作者共同合作完成了本卷的编撰工作。

蒙古族艺术门类很多，因本卷篇幅所限，还有很多内容没有得到很好的展示。各章节的作者虽然在各自的领域积累了较为丰富的学术经验和实践探索，但深度挖掘和系统整理蒙古族艺术发展历程中的经典作品以及整体把握发展脉络和准确领悟艺术韵味等诸多方面难免存在不足。历史文学的其他重要作品、民间文学中的一些重要类型，绘画和舞蹈部分的古代、近代和现代领域的作品也未得到应有的关注和展示。

在本书编写过程中，第二章的蒙古族音乐得到了内蒙古艺术学院的乌兰其其格老师无私帮助，还有潮尔、马头琴传承人布林老师的帮助，感谢张文祥朋友帮助查阅文献资料。最后，尤其要感谢辽宁民族出版社的朱虹编审，她以高度负责的态度和耐心，经与各位作者反复沟通，才使得本书有如今的模样；其良好的职业素养和责任心，实属难能可贵。该书即将付梓之际，谨向所有给予本书帮助的朋友表示衷心的感谢。

乌日斯嘎拉

2017年10月

ᠪᠠᠢᠴᠠᠭᠠᠬᠤ ᡀᠠᠰᠤ : 024 - 23284347   23284335

ᠦᠨ᠎ᠡ : 280.00 ᠲᠦᠭᠦᠷᠢᠭ

ᠨᠣᠮ ᠤᠨ ᠳ᠋ᠤᠭᠠᠷ : ISBN 978-7-5497-1740-8

ᠬᠡᠪᠯᠡᠭᠰᠡᠨ ᠣᠩᠨᠠᠭ᠎ᠠ : 2017 ᠣᠨ ᠤ 12 ᠰᠠᠷ᠎ᠠ ᠶᠢᠨ ᠠᠩᠬᠠᠳᠤᠭᠠᠷ ᠬᠡᠪᠯᠡᠯ

ᠳᠠᠷᠤᠮᠠᠯᠯᠠᠭᠰᠠᠨ ᠣᠩᠨᠠᠭ᠎ᠠ : 2017 ᠣᠨ ᠤ 12 ᠰᠠᠷ᠎ᠠ ᠶᠢᠨ ᠠᠩᠬᠠᠳᠤᠭᠠᠷ ᠳᠠᠷᠤᠮᠠᠯᠯᠠᠯᠲᠠ

ᠬᠠᠭᠤᠳᠠᠰᠤ ᠶᠢᠨ ᠲᠣᠭ᠎ᠠ : 280 ᠬᠠᠭᠤᠳᠠᠰᠤ

ᠬᠡᠪᠯᠡᠯ ᠤᠨ ᠬᠡᠪᠯᠢ : 17

ᠳᠠᠷᠤᠮᠠᠯ ᠤᠨ ᠬᠡᠮᠵᠢᠶ᠎ᠡ : 210 mm × 285 mm

ᠵᠢᠷᠤᠭ ᠨᠠᠢᠷᠠᠭᠤᠯᠤᠭᠰᠠᠨ ᠨᠢ : Amber Design

ᠳᠤᠰᠠᠯᠠᠨ ᠨᠠᠢᠷᠠᠭᠤᠯᠤᠭᠰᠠᠨ ᠨᠢ : ...